本気で5アンペア

電気の自産自消へ

斎藤健一郎

コモンズ

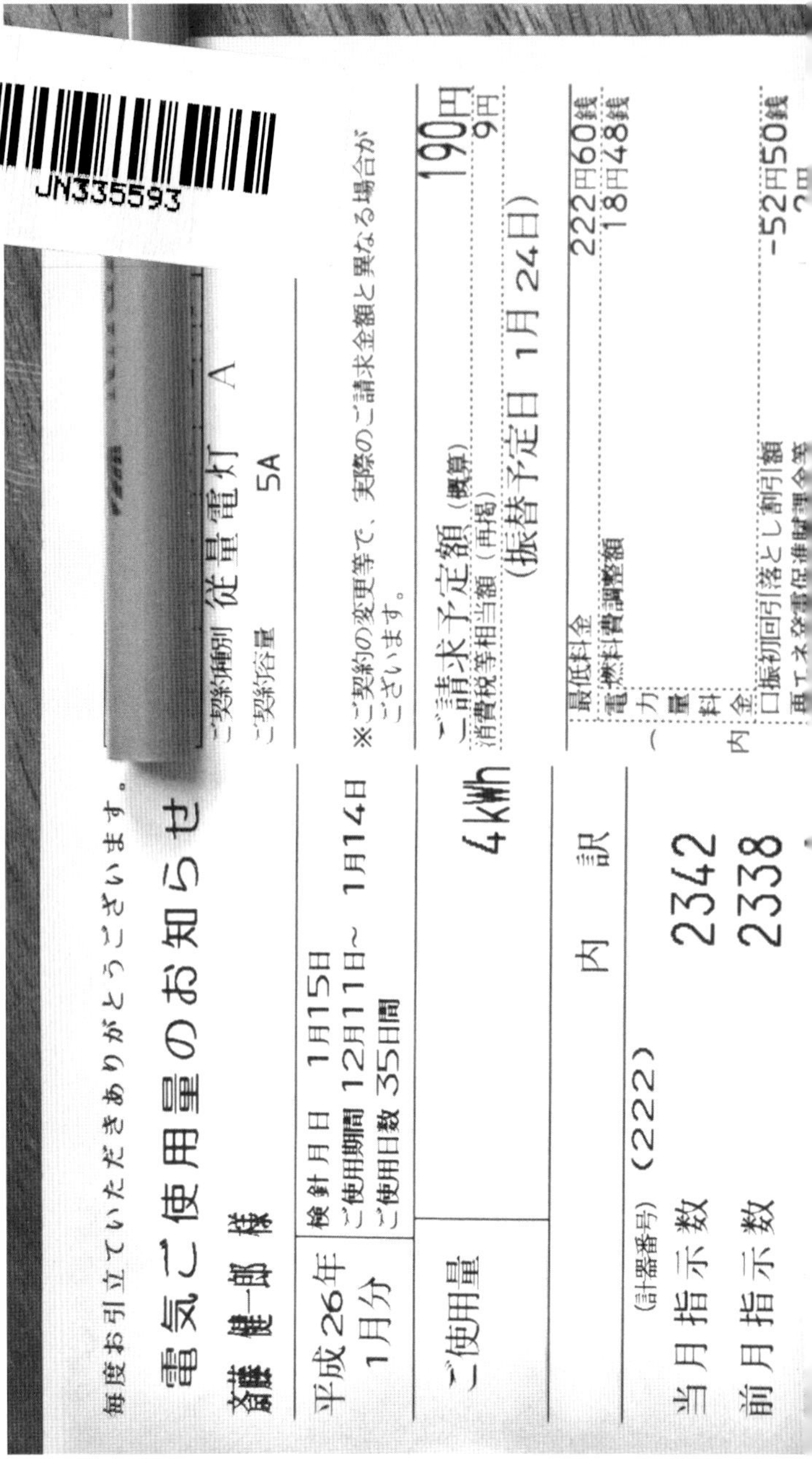

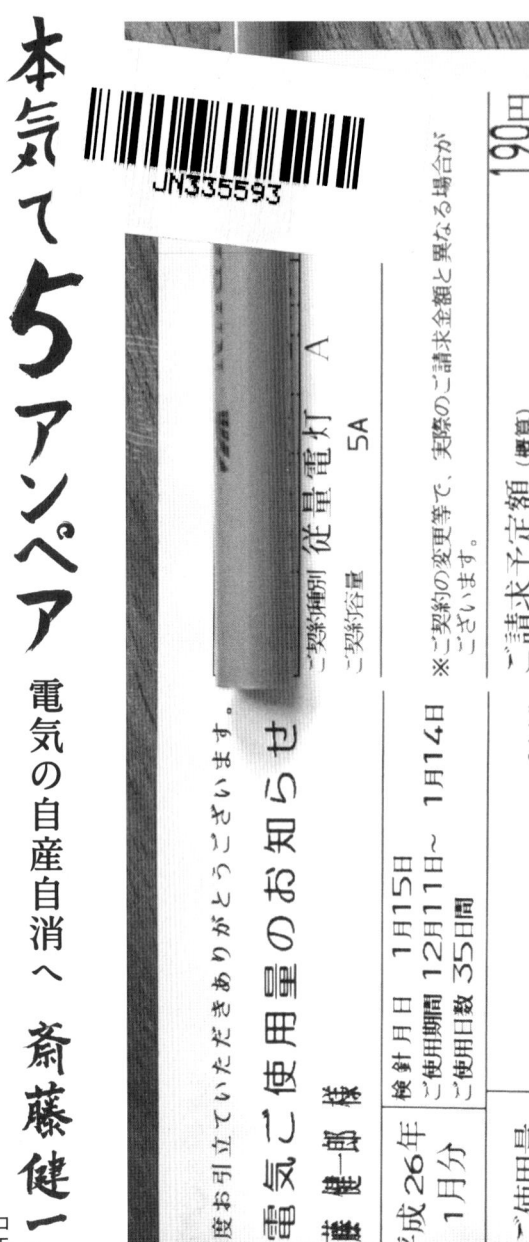

第3章 家電版事業仕分けで不安解消

第4章 励まし、批判、苦闘

第5章

5アンペア生活の成長

第6章

自然を味方につける

第7章

電気の自産自消へ

プロローグ　さよなら東電

電力会社がつくる電気に、極力頼らず暮らしたい。

そう思い立って2012年7月、東京電力とのアンペア契約を40アンペアから最小の5アンペアに切り替えた。5アンペアといえば、使えるのはおおよそ500Wの家電製品(以下「家電」)まで。エアコンや電子レンジは1000Wを超えるから、スイッチを入れれば、たちまちブレーカーが落ちてしまう。

電気をたくさん消費する家電が使えなくなる代わりに、40アンペア契約で1カ月に1000円以上かかっていた基本料金がゼロになる。電気を一切使わなければ、その月の電気代は0円。1カ月の使用量8kWhまでは200円ちょっとの最低料金しかかからない、魅力的な契約である。

ただし、だ。幼いときからあまたの家電に囲まれてきたにもかかわらず、どの家電に、どれだけの電気が使用されているのかは、ちっともわからない。どこで、どのようにに電気がつくられ、どうやって運ばれてくるのか。そんなことも一切考えることなく暮らし、1日24時間、休むことなく電気を使い続けてきた。

ぜいたくで、たるみきった自分に、電気に頼らず暮らすことができるのか。見当はつかなかった。ただ、東日本大震災を福島県で経験し、被災者となった。職業である新聞記者としてはもちろん、一県民として、東京電力福島第一原子力発電所からの放射能におびえて右往左往したのだ。これまでと同じように電力会社がつくる電気を無節操に浪費するほど、鈍感ではない。

震災後半年で東京に転勤になった後、自分なりの決意を固め、東京電力のカスタマーセンターに申し込み電話をかけるところから、ぼくの試みは始まる。だが、使える電力の上限を一気に8分の1に下げるアンペアダウンの申し込みは、予想に反して難航した。「従量電灯A　5アンペア」の契約は、電力会社のサイトから見つけることさえ困難で、存在自体ほとんど知られていない。アンペアダウンをなんとか思いとどまらせようと、係の女性は何度も電話口で繰り返した。

「普通の暮らしはできなくなりますよ」

何度も繰り返されるその言葉を聞くうち、決意は固まっていった。電力会社の電気とさよならしよう。

節電生活を初めてまもなく、朝日新聞の生活面に5アンペア生活の記事が出ると、同僚や友人、読者の多くに聞かれた。

「まだ続けているの？」

「いつまでやるつもり？」

人目を引く記事を書きたいと考えた新聞記者が、一時的に仕掛けた実験だろう。多くの人がそう考えたようだ。

だが、5アンペア生活は終わらなかった。記者としてではなく、ごく個人的な信条から始めた生活の変革。記事が世に出たからといって、止めるつもりはない。むしろ電力会社との契約を解除し、自分で使う分くらいは電気を完全に自給自足したい。そして、生活の質も追求していきたい。

ぼくは、本気だった。

第1章

天国から地獄へ

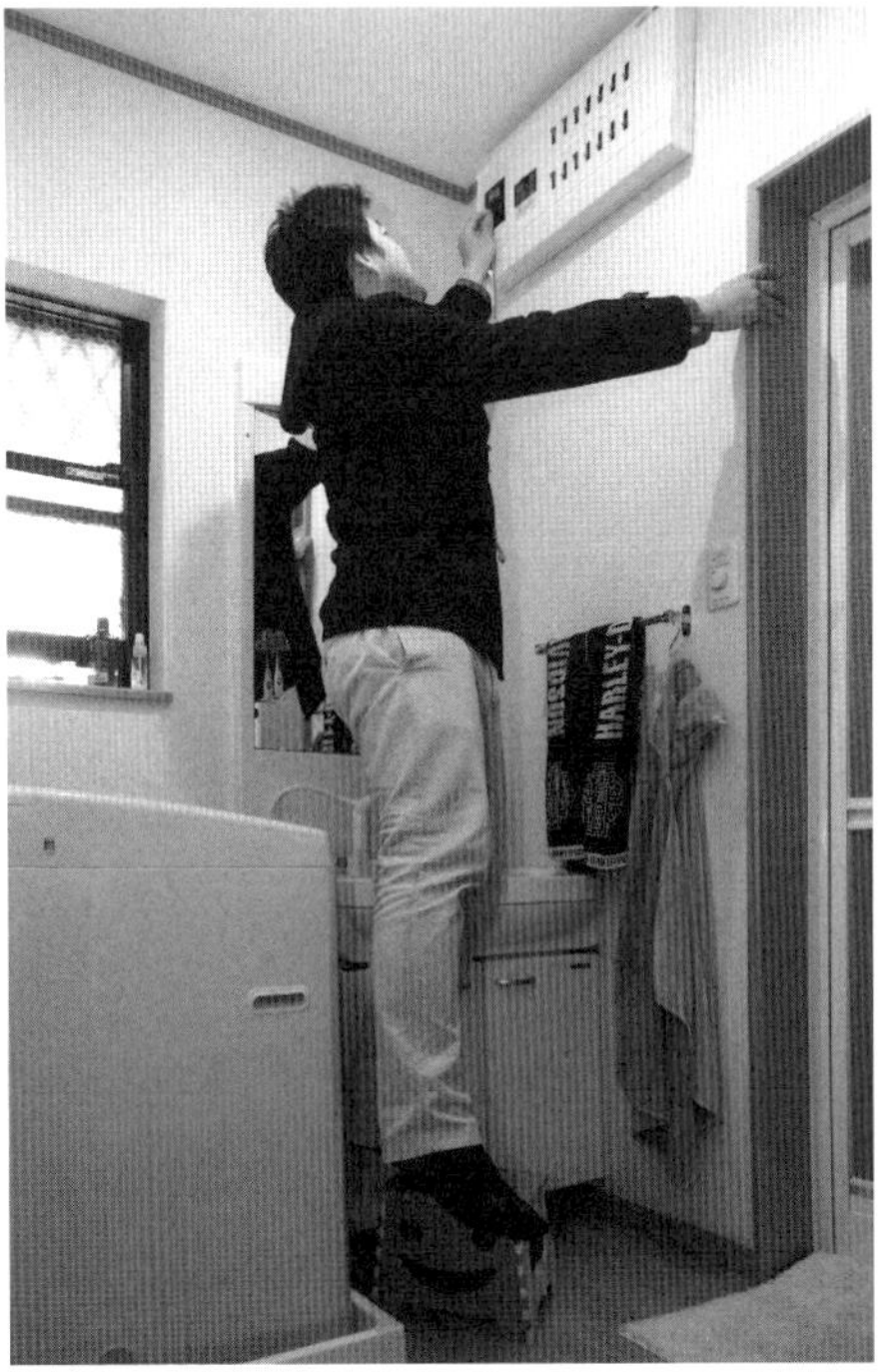

出かける前にブレーカーを下げる

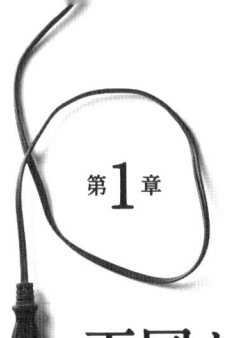

待機電力ゼロの喜び

5アンペア生活というと、果てしなき忍耐を必要とするど、根性生活が連想されるのか、「お体、大丈夫ですか」と心配されることも多い。当人はいたって普通に、健康に暮らしていると思っている。日常はこんなふうだ。

朝、時計の数字にせかされるように身支度を整え、靴をつっかけながら玄関を出る。ギリギリまで布団が恋しいから、朝食を食べる時間はない。

小学生のころからずっと変わらない慌ただしくせわしい一日の始まりに、5アンペア生活を始めてから一つ、喜びの瞬間が加わった。洗面所の上にあるブレーカーに手を伸ばし、ブレーカーのレバーを下げる。その一瞬だ。

人さし指の先にレバーの重みを感じながら、一気に引き下ろす。半分くらいのところまで下ろすとレバーは自ら勢いをつけて落ち、乾いたいい音を響かせる。

クタッとかスカッとか、くたびれた不快な音はブレーカーにはない。バシッ。バットの芯でボールを確かにとらえたときのような、爽快感がある。電気の使いすぎで落ちるブレーカーの不快さといったらないが、自らの意志で電気をコントロールする支配感はなかなかのものだ。

玄関を出ると、インターホンの作動を示す赤いランプがついていないことを確認する。家のどこにも電気が流れていない事実は、普通ならば五感では味わいづらい。だが、待機電力ゼロはまずブレーカーを下げる音で聞き、玄関口では赤ランプの消灯で見ることができる。喜ばしい瞬間だ。

インターホンのランプを指さし確認

インターホンの電源も切れるから、当然、不在の間は呼び鈴は鳴らない。こちらは割り切っているからいいけれど、宅配業者さんはそんな状況に慣れていない。ときどき、携帯電話に連絡がくる。

「ピンポンが鳴らないんですが、ここは斎藤さんのお宅でよろしいのでしょうか」

連絡をしてくれれば、説明できる。でも、宛先不明と認識されて、荷物が送り先に返されたこともある。そんなときも、荷物の送り主から「戻ってきてしまったのですが、住所が違うのでしょうか」と確認の電話がかかってくるから、結局、最終的には

いつも自転車で通勤

届く。エネルギーをかけて申し訳ないと思うが、いくらがんばっても不在のときは不在。宅配業者さんもそのうち慣れてきて、チャイムは鳴らない家だと認識し、迷わず不在連絡票をポストに入れてくれるようになる。

自転車にランタン
——5アンペア生活の日常

通勤は自転車で。電車だけに交通手段を頼りきっていると、いざ停電や災害で止まったときに身動きが取れなくなる。転勤族の宿命で、新しい土地に赴くときには、一から自分の住む家を探さなくてはいけない。どうせだから、自転車で会社まで30分以内で通える土地を選んでいる。東京でも自転車通勤を続けていた。

いま住んでいる名古屋市千種区《ちくさ》の住宅街から、新聞社のあるオフィス街の伏見まで、地下鉄6駅分、約6キロを20分かけてこぐ。駅まで歩いたり、地下鉄に乗ったりしている時間を考えたら、自転車のほうが5分ほど短くてすむ。満員電車に乗らなくてもいい分、体だけでなく、心もさわやかである。

乗っているのは電動アシスト自転車。新しいモノが大好きだったぼくが、まだ電動が珍しかった1988年に飛びついて買った。バッテリーにたっぷり充電して走れば、電気の力で急な坂道もグイグイと上る。自分の力はわずかですむ。

そんな利点があるが、充電はもう止めた。

電動自転車で電気を使わなくなると、どうなるのか。やたらめったら重いだけの重量級自転車になる。20キロもある。それまで動力の一部を電気に頼っていた分、脚力を使わなければ進まない。

せっかくの自転車通勤。健康増進にはこの重さが吉と出るはずだ。そう発想の転換をはかっているつもりでも、体はモーターにアシストされていたときの感覚をよく覚

ランタンの明かりでくつろぐ

えている。急いでいるときや疲れているとき、上り坂が目前に迫ってきたときは、重いだけの自転車がうらめしい。健康第一、健康第一。必死に呼びかけてこぐ。

夜、帰宅すると、部屋の明かりは基本的にはキャンプ用のランタン（吊り下げ式ランプ）一つでまかなう。LEDなので、充電式電池で3日間は持つ。持ち運びもできるから、居間にも寝室にも自由に運べる。本だって読むことができる。

東京で生まれ育った。夜は暗いもの。そんな当たり前のことに、東日本大震災が起こるまで気がつかなかった。震災後の一時期、街からけばけばしいネオンや看板が消え、しっとりと闇夜に沈んだ夜の街は、スクランブル交差点を行き交う人の流れさえ優雅に見せた。

これまで家に帰ってくると習慣でつけていた42型のフルハイビジョン液晶テレビは、部屋の押し入れに放り込んだ。お風呂はゆらゆらと揺れるろうそくの火で。炎を見ながらお湯に身を任せていると、人工的な照明よりじわっとくつろげるから不思議だ。ただし、火が消えてしまうと真っ暗になって、裸で右往左往することになる。シャワーの水をろうそくにかけないようにだけ、神経を使う必要がある。

物珍しさもあって、我が5アンペア部屋を訪ねて来る人は多い。たいがいの人が開口一番こう言う。

「暗いなあ」

口に出さないまでも、苦労してるんだなあ、とあからさまに哀れみの表情を浮かべる人もいる。

最初は、ぼくも必死だった。

「そんなことないでしょう。夜は暗いから夜なんだ」

でも、いまは「まあまあ」と受け流す余裕がある。ランタンの光でビールでも飲んでいるうちに、ほぼすべての人が言い始めるからだ。

「なんか慣れてきた。雰囲気があって、いい感じだなあ」

街中の飲食店だってホテルだって、ムードのあるところほど照明をぐっと抑えて、陰影を演出している。

２０１２年7月に5アンペア生活を始めてから4カ月で、一人暮らしの我が家の電気代金は最低料金の２００円台に突入した。２０１３年の合計は２６１８円だ。１カ月の使用量は２～５ｋＷｈ。東京電力のいう「標準家庭」が月２９０ｋＷｈだというから、１４５分の１～58分の１の計算になる。

すっかり板についたように見える超節電生活だが、実はまだまだ不安定で、心もとない。しょせんは生まれてからずっと電気漬けの日々を送ってきた節電初心者。ここに至るまでには、禁断症状におそわれたり気持ちが沈んだり、挑戦の末の失敗があったりした。

人から見れば愚かでばかばかしい生活かもしれない。時代を逆行していると、しかる人もいる。しかし、５アンペア生活開始から1年半あまり、一度もこの暮らしを放りだして、それまで自分が意識することなく続けてきた電気漬け生活に戻ろうと思ったことはない。

それは、東京電力福島第一原発事故が起こる前後2年半を福島県で過ごした体験があるからだ。

福島での天国生活

しばらく、いかに原発に無知で無関心で無責任のまま、自分が福島県でいっぱしの顔で新聞記者として過ごしてきたかを、反省の意味も込めて告白したい。福島での体験がなければ、ぼくはいつまでも能天気に、電気に依存した生活を続けてきたはずだから。

２００９年4月、神奈川県の川崎支局から福島県の郡山支局に転勤となった。原発事故が起こる2年前だ。初の福島県勤務。赴任前、郡山市は仙台市に次いで第2の経済規模を誇る東北有数の大都市と聞いていた。でも、人口は33万人で、川崎市の４分の1にも満たない。駅前こそビルらしきものが建っているけれど、商店街は人影もまばらで、空きビルが目立つ。そこから車で20分も行けば、豊かな田園地帯が広がり、温泉がわいている。典型的な地方都市だった。

街の中心部まで、自転車で10分ほど。郡山市鶴見坦《つるみだん》という転勤者も多く暮らす住宅街に、2階建ての貸家を見つけた。築45年。少し古いが、日当たりは申し分ない。2軒隣に住む大家さんが建物をよく管理していて、外観はくたびれているものの、部屋の中は新しい畳の若々しい香りに満ちていた。なにより駐車場付きで7万円と、東京都市圏では考えられない家賃設定が魅力的だ。最先端のブランドや、連日のライブコンサート、めくるめくネオンさえ追い求めなければ、東京よりよほど地方都市のほうが経済的で住みやすく、ご飯もおいしい。

郡山市は福島県の中央にあって、道路も四通八達。いわき方面の海に行くにも、会津方面の山に行くにも、アクセスがいい。東京までは約250キロ。新幹線で1時間半もかからない。人がひしめき、道路も線路も車や電車でいっぱいで、のべつまくなし事件・事故に追われる大都市での記者生活から解き放たれたぼくは、休みのたびに県内各地に出かけ、山登りや温泉を楽しんだ。

福島は宝にあふれていた。春には山菜、夏にはモモやナシ、秋には地平線まで黄金色に輝く稲田。海に向かえば毎日太平洋から魚介類が水揚げされ、口の中で踊り出しそうな新鮮なものを市場の食堂で安価に味わえる。東西南北、どこに向かっても豊かな自然があり、あふれるほどの実りがある。天国のような場所だと思った。

天国のたんこぶ

天国にも、ちょっとしたたんこぶがあるという認識はあった。郡山市から東に60キロ。東京電力の二つの原子力発電所だ。

福島県内の取材の中心拠点となる福島市の福島総局では、夜の間も記者が交代で泊まり勤務をこなし、緊急事態に対応する態勢をとっている。月に数回はぼくも郡山支局から総局に行っていた。当直勤務中の記者の基本的な役割の一つが、原子力発電所の警戒だ。とはいえ、のべつまくなし原発に目を光らせているわけではない。地震が起きたときに、すぐに原子力発電所に電話を入れ、原発の運転に異常が起きていないかを確認する。それだけのことである。

何度か当直勤務中に地震が起き、電話したことがあった。

「原発に異常はないでしょうか?」

聞いてはいるが、それは記者としてすり込まれた動作をこなしているだけで、ぼくは問題意識や危機意識を持って原発をとらえたことは、一度もなかった。地震の際に東電に電話を入れるのは「大丈夫です。異常ありません」と聞くための、機械的な作業にすぎなかった。

原発はこれまでも安全だったのか、と言われれば、決してそうではなかった。原発事故が起きる半年前、使用済み燃料から取り出した毒性の高いプルトニウムとウランを混ぜたMOX燃料を使うプルサーマル発電が福島第一原発3号機で始まり、県内では安全性を懸念する声が高まっていた。運転開始の際も不具合や点検見逃しがあり、稼働が半日遅れるという人為的ミスが発覚。第一原発5号機では、原子炉隔離時の冷却系が作動しない状態だったことも明らかになった。

そんなとき、原発に反対するグループの抗議活動を郡山駅前で取材した。グループの人たちは、プルサーマル発電の稼働に際して、国や県、東京電力による県民説明会が必要だと訴えていた。駅前広場で行き交う人に声をかけ、ボードにシールを貼る方法で、説明会が必要か否かの意思表示を求めたのだ。

しかし、道行く人の反応は冷ややかに見えた。目の前にボードを差し出されれば、人のいい東北人は面と向かって断われない。行く先をふさがれて仕方なく貼られた丸いシールがボードを埋めていった。シールは「県民説明会が必要」に圧倒的に多く貼られ、数は１００を超えていたが、一つ一つのシールに込められた意志が決して強くないことは、貼る人の反応でわかった。ぼくも同じような気持ちで見ていたからだろう。

反対活動する人の話を聞いて共感しつつ、いまさら反対しても、一度決まったことを覆すことはできないと考えていた。根拠なく、こうも信じていた。

「小さなミスは相次いでいる。でも、重大な事故が起こるはずはないだろう」

恥じらい隠れる場所もないので告白すれば、そもそも、ぼくは福島の原子力発電所を取材対象として見ていなかった。福島在住の記者にもかかわらず。

郡山支局は、中通りと呼ばれる県央部から、栃木・茨城県境までの県南部を取材地域としてカバーしていた。県内に二つある原発はいずれも浜通りと言われる太平洋岸沿いにあり、いわき支局と南相馬支局の持ち場だ。そして、行政関係は福島総局の県政担当記者の領分。だから郡山支局員にとっては、原発は「管外」のこと。そう無責任に考えていた。

揺れが来た

天国のような福島生活を楽しんでいた2年目の冬、想定もしていなかった原発事故が起きる。

東日本大震災発生の2日前、3月9日未明。三陸沖でマグニチュード7・3、福島県の一部では震度4で津波も観測される強い地震が起きていた。

翌10日、ぼくは朝から犬にかまれた。小さくてかわいいミニチュアダックスフント。公園の入り口で散歩する飼い主のリードを引っ張り、やけに人の顔を見て吠えてくる。手なずけようとかがんで手を伸ばしたら、その手をよけて、がぶりと左すねをやられた。ズボンが切れて、血が出て、歯形の青あざができた。これ以上の面倒はごめんだ。地震もなにも起きなければいいなと思いながら、福島総局で泊まり勤務についた。

願いは通じ、その夜は地震はおろか事件も事故もなかった。３月11日、福島県は非常に平穏な朝をむかえる。

ぼくは何事もなく無事に泊まり勤務を全うし、昼前に福島総局を離れて郡山市の自宅に戻った。仮眠を取り、午後３時半からの裁判の判決取材に向けて、そろそろ支度をして家を出ようと思っていたとき、総局の後輩から電話がかかってきた。

「今度の教育欄、何を書けばいいですかね」

のんきな相談に乗っていると揺れが来た。２０１１年３月11日午後２時46分。

「これ、やばいですね。あっ、すごい揺れている」

まだ記者になって数年の後輩の声が１トーン上がる。

「揺れてるな。止まるかな」

努めて落ち着いた声で返した。揺れはますます強くなる。

ドーンと地鳴りがして、築45年の貸家の壁と柱が大きくしなった。窓の四角い枠が右に左にゆがんだ。空と地面がギリギリと歯ぎしりしているようだ。

「とりあえず切りますね」

のどかだった電話は緊迫の雰囲気で終わった。

恐怖は感じない。揺れが大きくゆっくりで、暴力的な感じがなかったからだ。転勤の多い我が家に、さしたる家具はない。前後にウワンウワンと揺れて倒れそうになっていたテレビを台から下ろし、畳の上に寝かせた。隣にあった鏡もバタバタと揺れていたので、縦から横に置き換えて安定させた。古い家だからよく揺れる。そんなことを冷静に考えながら揺れが収まるのを待ったが、地面は長く揺れ続けた。ワオーン。遠くで犬が吠えているのが聞こえた。

ようやく揺れが落ち着いた。すぐ郡山支局に向かわなくてはいけない。なにかことが起きたら、すぐ現場に行くか支局に向かうのが、記者にすり込まれた行動の一つだ。これだけの地震ならば、大きな被害がどこかで出ているだろう。

出かける前に我が家を一通り点検すると、ガラスサッシは外に落ち、砂壁がぼろぼろ崩れ、別の部屋の造り付けの棚にあった本も畳の上にぶちまけられていた。玄関を出ようとすると、引き戸がゆがんで開かない。致命的な被害は免れたが、大きなダメージを受けたのは間違いなかった。

だが、我が家のことにだけ構ってはいられない。しばらく家に帰ってこられないだろう。冷静に、冷静にと言い聞かせ、寒空でずっと立ちっぱなしの取材が続いてもいいように厚手のコートやブーツをかき集め、外に落ちたサッシの隙間から戸外に出た。

地震被害の取材

車で郡山支局に向かう途中、信号は途切れ、道路に大きな亀裂が入り、コンクリートの壁がなぎ倒されているのを見た。崩れた家の前で、人が呆然と立ち尽くしている。津波被害に目を奪われて、地震による内陸の被害はあまり知られていないが、郡山市も震度６強。隣の須賀川市では、ダムが決壊して鉄砲水で集落が押し流され、死者・行方不明者合わせて８人という大災害も起きていた。この時点で原発がどうなったか、意識はまったくしていない。

11日の夜から、震災被害の取材に明け暮れた。栃木県との県境の城下町白河市では、山が揺さぶられ、斜面がごっそりとはがれて集落を飲み込むという、平時ならば新聞の1面トップは間違いないくらいの災害が起きていた。一人また一人と大量の土砂から生き埋めになった人たちが掘り出され、亡くなった人は13人。全員が発見されるまで数日間、白河市のホテルに泊まり込んで取材を続けた。

目の前の大災害に心身の自由を奪われ、会社からの電話やニュースで原発の事態は知っていたつもりでも、それが自分に与える影響について思いをはせる余裕はなかった。原発が爆発したと聞いてなお、差し迫った恐怖は感じない。白河市は第一原発から西南西に80キロも離れている。大丈夫。そんな安全神話が、ぼくの中に自然に育っていたのだろう。

16日は、白河市内の県立高校の合格発表に朝から出かけた。悲惨な土砂崩れの現場からつかの間離れ、新たな希望を感じられる取材に、心が躍っているのが自分でもわかった。

受験生と一緒に屋外で発表を待っていると、北からの風が急に強くなり、空が暗転。それまで晴れわたっていた空から綿のような柔らかな軽い雪が横殴りに吹き付け、視界をふさいだ。

「これ、死の雪じゃねえ？　放射能入りだろ」

男子受験生がふざけた調子で言うと、周囲の緊張がほどけてハハハと笑いの輪ができた。悪い冗談だ。一緒になって笑った。

北からの風に乗り、原発からの放射性物質がたくさん白河市に降り注いだのが15日から16日だと知ったのは、数週間後だ。白河市では16日、毎時7マイクロシーベルトの空間放射線量が記録されていた。悪い冗談ではない。現実だった。マスコミはわかっていて国民に事態を知らせなかったと批判されるが、何も知らない無知な現場の記者は、合格を喜ぶ無邪気な中学生と一緒に、何も知らずに被曝しながら笑っていたのだ。

原発取材での光景

放射能は見えないと言われる。ようやく事態を受けとめたのは、発生から一週間ほどして会社から線量計を配られたときだった。線量計を首からさげても、放射能を防いでくれるわけではない。ただ、どのくらい自分が被曝したのか、日々上がる数値が事実を突きつけてきた。放射能が目に見えてわかるようになって初めて、怖さが芽生えた。

最初の数日こそ震災被害の取材だったが、そのうちほとんどの取材が放射能関連に取って代わった。郡山市の風景は一変していた。交通の便がいいので、原発の近くからたくさんの人がなだれをうったように避難してくる。郊外にある大規模イベント会場には富岡町と川内村から町村役場ごと人が避難してきた。その数２３００人。県内最大の避難所ができあがっていた。

外から見れば震災前と変わりないガラス張りを基調とした明るいイベント会場だが、中はまったく別の場所と既視感があった。そう、20代のときに見たアフリカや東ティモールの難民キャンプ。通路と言わずホールと言わず、人があふれている。立ちくらみしそうな光景だった。ある人は遠くを見てしゃがみ込み、ある人はただただ寝そべっている。隣家と我が家を隔てるのは、わずか段ボールのみ。細長い段ボールの隙間で体を伏す人は、男女の区別さえわからない。

難民キャンプと同様、ある状況から逃れるためだけに、人が空間を埋め尽くしている。虚無感で充満した空間に、わずかに活気が戻るのは食料配給のときだけ。長い列の周辺に笑顔と会話がある。まさか戦争で傷ついた遠い国で見たあの光景を、福島で見ることになるとは。

状況の悪化

震災から１カ月。岩手県や宮城県の被災地から復興に向けた未来の話題が伝わってくるのと対照的に、福島県を取り巻く状況は、より重く、厳しくなっていた。

首からさげた線量計のほかにも、放射能の問題がはっきりと見える瞬間があった。子どもたちだ。

朝、通学路をランドセル姿の一群が歩いている。道草はしない。列も乱さない。3人だったら3人、6人だったら6人。全員の顔が白いマスクで覆われている。頭には帽子。長い冬を終え、心躍る春を迎えてもなお、子どもたちは一切間違いを冒してはならないというふうに身を固くして、まっすぐ通学路を学校に向かって歩いていた。

学校の窓を明けることは厳禁。放射線量が高い校庭で遊ぶことも禁じられている。

郡山市の小学校の校庭に積まれた汚染土

狭い廊下に並べたハードルを子どもたちが飛び越えている姿を見た。廊下は、走ってはいけない場所なのに。原発は安全なはずだったのに。

これまで積み上げてきたすべての常識が崩れ、ぐちゃぐちゃになっていた。

ふだんは子どもたちが走り回っている校庭に、おとなたちがブルドーザーやショベルカーを乗り入れて、放射能が降り注いだ校庭の土をメリメリはがした。行き場を失った汚染土は校庭の隅に集められ、標高3メートルほどの高濃度汚染の山が市内の小中学校に次々と築かれ、ブルーシートで覆われていく。子どもたちは締め切ったガラス窓の向こうから、ただじっと見つめていた。

「おまえたちおとなは、なんてことをしてくれたんだ」

マスクで覆われた口がそう言っているようで、本当に恥ずかしく申し訳ない思いで取材した。

放射能で汚れた稲わらを牛に知らずに与え、牛から放射性セシウムが出てしまった白河市の畜産農家の男性は、疑念を持って詰めかけた報道陣を前に、隠すこともなく泣いて訴えた。

「家族のように育てている自分の牛に、誰が汚染わらだと知っていてあげますか。あなたなら、あげられますか?」

被害を受けた範囲は広大で、被害者はあまりにも多かった。心がふさがるような取材が続いた。

半壊になった我が家

築45年の我が家は基礎までヒビが入っていたことがわかり、半壊と認定された。震災後しばらくは家がいつぐしゃっとつぶれても命が助かるように、それまで使っていなかった2階で寝泊まりをしていた。余震のたびに、家がぐらぐら揺れ、サッシがギシギシと嫌な音を立てた。だが、揺れより問題だったのは、放射能だ。

木造の家は、放射能からほとんど身を守ってくれない。それは、一晩過ごすだけで5マイクロシーベルト、10マイクロシーベルトとぐんぐん上がっていく線量計の数値でよくわかった。一日の終わり、メールで会社に数値を報告するたび、憂鬱な気分になる。マスク姿で通学する子どもたちはもちろん、ほとんどの人は線量計など持っていない。自分だけ危険を避けているような罪悪感も感じていた。

我が家があった鶴見坦地域は、郡山市内でも放射線量が高い「ホットスポット」として知られるようになる。友人が遊びに来るとテーブルを持ってバーベキューを楽しんでいた近くの公園は、立ち入りが禁じられ、東京で発行される写真雑誌の表紙にも出た。郡山支局の局舎も木造の建物で、デスクワークをしているだけで容赦なく数値が上がっていく。

居場所がなくなった。

しばらく郡山駅近くのホテルで寝泊まりしながら生活をすることになった。鉄筋のホテルにいれば、ほとんど数値は上がらないからだ。

ただし、いつまでもホテル暮らしを続けるわけにはいかない。震災の日から1カ月半、貸家を出ることを決めた。

これまで大家さんは、ぼくが洋服を干しているのを見るたび「一人なのに、まめに洗濯していてえらいわね」とほめてくれた。なぜかわからないけれど、ほめられたらうれしいものだ。大家さんが通らないかなあ、と思いながら洗濯物を干すのが日常のささやかな楽しみだった。ときには野菜を差し入れてくれた。ふだんは女性の一人暮らし。この地震で貸家が半壊になっただけでなく、母屋も屋根が壊れていた。不動産屋に退去を伝える前に、大家さんに話に行った。

「引っ越しをしなければいけなくなりました。大変なときに本当にすみません」

どう伝えればいいのか、言い訳めいた理由を考え、何度か練習もしたが、大家さんはいつもどおりの優しい笑顔で聞いてくれた。そんな姿を見ていたら、ごたごた言い訳するのは恥ずかしくて、必要最小限のことしか言えなかった。

「気に入って住んでくれていたのに、こちらこそ本当にごめんなさいね。ありがとうね」

目に涙をためて、こちらが謝られた。ときどき息子さんが孫を連れて遊びに来ているようだったが、心細い思いもあるだろう。それなのに、自分だけ勝手に住む家を変えることを決め、壊れた家を出て行ってしまう。心の中に砂が混じったような嫌悪感がある。「すみません」と何度も頭を下げて、鉄筋のマンションに引っ越した。震災から2カ月後のゴールデンウィークのことだ。

原発がまき散らした不幸

避難した人、しなかった人。原発に近かった人、遠かった人。この時期、同じ福島県人の中でも、立場や補償の違いで互いの心に大きなずれやあつれきが生じていた。

県外に避難した人は「あの人は逃げた」と言われ、残った人は「子どもが被曝しているのに、親の都合で避難させない」と非難された。福島を危険な汚染地域とみなし、あんなところに住んでいる人の気が知れないといった趣旨の発言が全国で相次いだ。

会津地方は福島原発から西に１００キロ以上も離れ、放射線量も平時とほぼ変わらなかった。でも、外から見れば同じ福島県。ゴールデンウィークに観光客は途絶え、農産物も出荷できず、出荷したとしても市場から敬遠された。

会津の人から見れば、原発近くの浜通りに住んでいた人は、避難する場所も日々の食事も用意され、手厚い金銭的補償も約束されている。

「こちらも同じ被害者じゃねえか」

「浜通りの連中は、これまでも原発からたくさん金をもらってきただろう」

遠慮ない言葉が行き交った。

県内の誰もが原子力発電所の事故の被害者である。

これまでも原子力発電所で小さな事故はいくつも起き、それを隠したり矮小化したりされてきた。点検や報告漏れもある。常にエラーが続き、平穏なときはほとんどなかったはずなのだ。

福島県で記者として働きながら、このきな臭い、不完全な施設について何一つ知る努力をせず、問題を指摘することもせず放置し、結果的に福島県を中心とした人びとの生活を事故でずたずたにしてしまった。自分自身も必要以上の放射線を浴び、なにをどうすることもできず、無力なまま住まいを転々とした。

震災から半年後の２０１１年９月、出身地の東京に転勤が決まった。

郡山記者クラブの他社の記者有志が開いてくれた送別会で、嫌われるとわかっていながら長い挨拶をして、自らの恥と無念を語り、２年半住んだ郡山市を離れた。

第2章

断・電気宣言から5アンペア契約へ

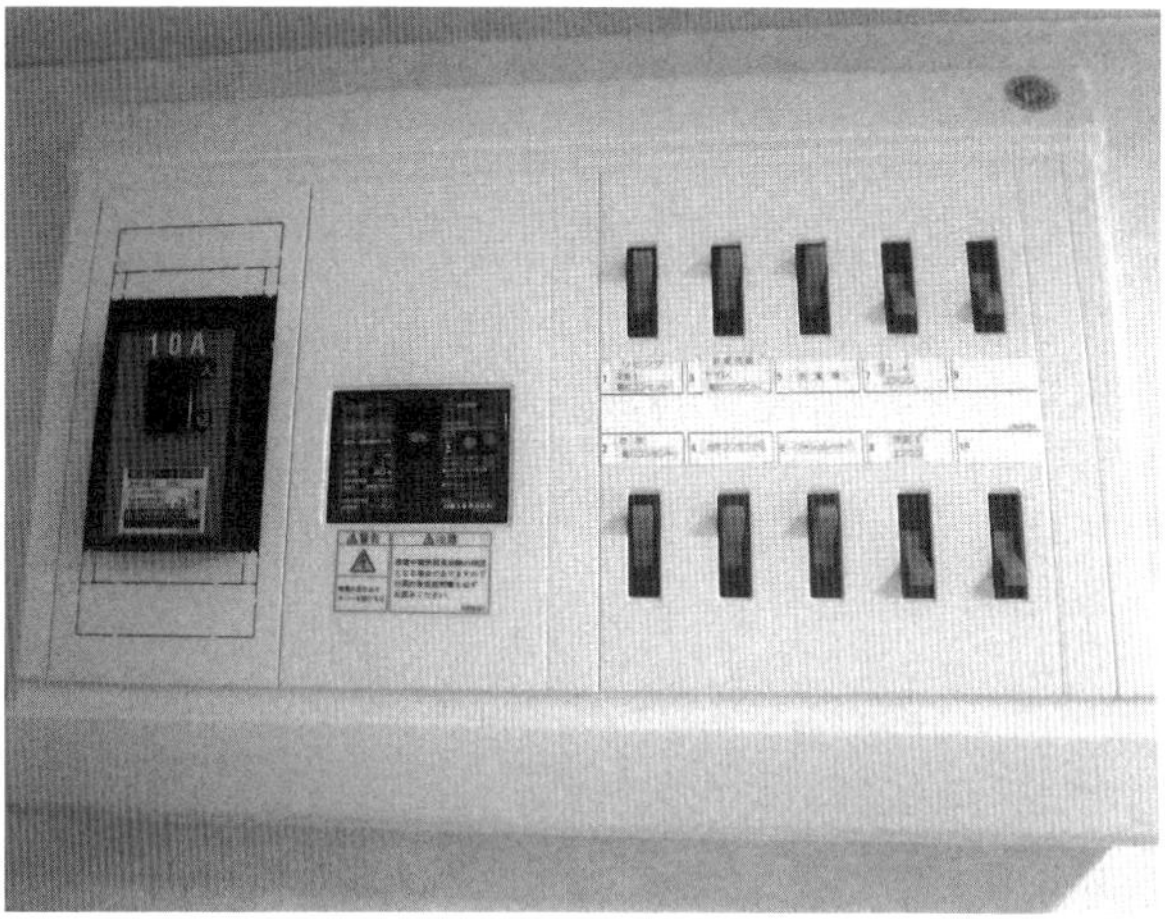

10アンペアのブレーカー。色は赤

ふんだんにあった電気と家電

ＪＲ中央線で新宿から約30分。緑多き人口10万ほどの東京都小金井市でぼくは生まれ育った。

両親は地方公務員。第２次ベビーブームまっただ中の１９７４年に生まれ、まわりの友人にはきょうだいがいるのが当たり前だったが、ぼくは一人っ子。ファミコンやラジコンはブームで品薄になる少し前に、難なく買ってもらうことができた。学校が終わってから両親が帰って来るまでの間、きょうだい間闘争に明け暮れることもなく、心ゆくまで電気を使うおもちゃで遊んだ。

我が家には最新の家電が多かった。１９８１年、小学校に上がったときには、初期の洗浄機付き温水便座が導入されていた。

「トイレの中から水が飛び出る！」

遊びに来た同級生たちは驚き、むやみやたらにスイッチをいじって、よくトイレを水浸しにしていた。

電子レンジで冷たい食品をチンするのは、物心ついたころからの習慣。リモコン付きのテレビは、学校から帰り両親が帰宅するまでの間、一人っ子の心に寄り添ってくれた。静まりかえった部屋より、なにかしら人の声が聞こえていれば安心する。見る見ないにかかわらず、帰ったらテレビをつけるのは、おとなになってからもずっと続いてきた習慣だ。

親から受け継がれた新しいモノ好きは中学、高校、大学と進むにつれ、加速はせずとも衰えなかった。社会人になってからは、初代iPhoneに飛びつき、ハイビジョンテレビのクリアな画面に飽きたらず、２００インチの大きさまで映像を投影できるプロジェクターを手に入れた。保温機能を排してポットより強力に発熱し、１分足らずで湯が沸く最新の電気ケトルを愛用してきた。

水道はニュースでたびたび渇水などと騒がれて、節水意識を植え付けられていたが、電気枯れは経験がない。使用量や料金は気にすることなく、ずっと無邪気に使い続けていた。電気の出どころや、どこでつくられているか、どうやってできているかなんて、考えたこともない。電気はいつもふんだんに、当たり前にあった。

電気使用への違和感

電気を使うことに初めて違和感を覚えた瞬間を鮮明に覚えている。自分自身がその感覚に驚いたからだ。

福島県民として原発事故を経験し、東京に引っ越してきてすぐ。渋谷に借りたマンションの部屋のコンセントに充電器を差し込み、携帯電話に電気を溜め始めた、そのとき。

嫌だな。そう感じた。

でも、何が嫌なのかがよくわからない。

改めて携帯を手に取り、電話の端からコードを目でたどっていった。黒く細いコードは四角い充電器本体を経由し、壁のコンセントとつながっている。そのとき、コンセントの先がどこにつながっているのかが、明確に想像できた。白い煙を噴き出して無残な姿をさらす東京電力の原発の映像が、頭の中に鮮明に立ち上がってきたのだ。

コンセントから目線を戻し、充電器、コード、携帯と電気の流れつくところを見た。

汚れるな。携帯が東京電力の電気で汚れるな。

漠然とした思いが、はっきりと形になった。このときすべての原発は停止していたのだが、たくさんの人を不幸に追いやった電力会社の電気が肌身離さず持っている携帯に満たされていくのが、嫌だった。

違和感は街の明るさにも感じるようになった。築地にある朝日新聞社の東京本社は銀座に近い。夜、食事のために日本随一の繁華街に足を踏み入れるたびに、気分が悪くなった。ビルというビルの壁から、白や赤、黄、青と人工的な光が発散されている。道路の植え込みさえも電飾でぎらついている。

太陽の光を追いやり、迫る闇にお構いなしに上から下から殴りつけるように照りつける。東京の人はもう節電をやめてしまったのだな。震災があったことなど忘れてしまっているのだろうな。昼よりギラギラした夜の明るさが暴力的に思えた。

再稼働で試される国民

そんな折、2012年6月に当時の野田佳彦首相が原発再稼働を言い始めた。理由は、国民の生活を守るため。

吐きそうだった。国民の生活を守るために原発を動かす？ ぼくが福島で見たのは、原発事故が人びとの安寧な暮らしを奪い、心まで引き裂いていく光景だ。

原発を動かさない選択肢はあっても、再稼働するという考えは理解しがたい。いや、それまでの自分なら裏にあるおとなの事情を鑑みて、なんとか理解しようと努めたかもしれない。でも、食い止めることが不可能だった原発被害の恐ろしさを身をもって知った以上、都合のいい話をわかろうとする気持ちは閉ざした。

国会議事堂の周辺に、再稼働に反対する人たちが続々と集まり、その声は大きくなり、うねりとなってふくらんでいく。一方で、東京のネオンはぎらつき続け、いっこうに減ることなく闇夜を遠ざけていた。

「国民の生活を守るため」という野田首相の言葉を聞いて、ぼくは国民が試されていると思った。おまえたちが望むから、電気を供給しなくちゃいけないだろう。電気がなければ、おまえたちは生活していけないんだろう、と。

ならば、反対の声を上げるだけでは十分ではない。原発なしでも生きられることを示さなくては。ほぼ発作的に、ぼくは電力会社のつくる電気に極力頼らずに暮らそうと決意した。それが容易ではないことも、わかっていた。でも、デモ隊のすぐ横で街がギラギラと光っている以上、政治家に訴えるだけでは変わらない。一市民も努力しなければ、説得力に欠ける。

意志が弱い人は、決意が消え入らないうちに他人に話して、後戻りできないように追い込むのが一番だ。

「東京電力との契約を解除して、電気なし生活をしてみようと思っています」

ぼくはすぐ、銀座より少しは闇を残す新橋で、焼き鳥にビールをやりながら、先輩や同僚記者に決意を表明した。

それはおもしろい。なんて意義深く、意欲的な挑戦だろう。そんな称賛の声で背中を押してもらい、強固な意志で東京電力との決別を果たすねらいだったが、そう都合よくは進まない。

「アイスはどうする。牛乳はどうする。コンビニで冷えたものを買ってくるなんて、他人様の電力に依存するだけでしょ」

担当部長は、にやにやしながら、ぼくの好物ばかりを挙げて急所をついてくる。

「おもしろいよ」と興味を持ってくれた男性デスクも、「家だけゼロにしても、会社でパソコンは使うし、電車にも乗るよね。電力ゼロは難しいよ」と勢いを失う。

初耳、5アンペア契約?

さんざん酒の肴にされ、決意がしぼみかけてきたそのとき、きわめて有益な情報を同僚が教えてくれた。杉原里美さんだ。

「5アンペアっていう契約があるの、知ってます? ゼロは説得力がないけど、5ならいいんじゃないかな?」

東京電力をはじめ北海道、東北、中部、北陸、九州の6電力会社では、契約アンペア数に応じ、基本料金を決めている。アンペアは各家庭で一度に流せる電流の上限で、一度に使うことのできる電気量を表す。東電の場合、一般的な家庭の契約「従量電灯B」の基本料金は40アンペアが1000円ほど。アンペアが下がるごとに200円ほど料金が下がり、30アンペアが約800円、10アンペアでは300円弱になる。

アンペア数を下げるのがアンペアダウンで、変更は電話などで申し込むことができ、基本的に料金はかからない。5アンペアは「従量電灯A」という区分になる。

一方、関西、中国、四国、沖縄の4電力会社には、アンペア契約という概念がない。1カ月約300円の最低料金を払い、あとは電気使用量が増えるにつれ、料金が加算される仕組みになっている。関西電力では、15kWhまでが最低料金だ。

さんさんと太陽の光が降り注ぎ、水力発電に適した清流流れる大草原ならいざ知らず、都心の集合住宅から新聞社に通って生活を成り立たせている以上、電気をまったく使わず暮らすことは不可能だ。この現実は、残念ながら動かしがたい。

だが、これまで湯水ほどの意識を払うこともなく電気を使い、原発事故の対応に忙しいさなかの一国の首相にさえ、おまえたちが生きるために原発を動かさねばならぬ、と言わせてしまった。自分を奮い立たせ、どこまで電気に依存しないで暮らせるのか。あるいは、暮らせないのか。どこまでが本当に必要な電気なのか。先行きは見えないけれど、とにかく最低の5アンペアから、節電生活を始めてみよう。

ただし、事はなかなか思いどおりに進まない。5アンペア生活には最初から、暗雲が垂れ込めた。

隠された5アンペア契約

新橋で焼き鳥を食べながら今後の生き方の方向性を固めた後、自分なりに調べていくと、５アンペアがほとんど世に出ていない隠された契約であることがわかってきた。

東京電力には、イラストもふんだんに使ってわかりやすくつくられた個人客向けのサイトがある。どんな料金メニューがあるのかといった基本情報はもちろん、節電のノウハウやアンペアダウンの申し込みの仕方、どの契約アンペアが適切なのか、などが載っている。イラストの家電にチェックを入れると自動で診断してくれる仕掛けまである。

ところがいくら見ても、「５アンペア」の文字を探し当てることはできなかった。60アンペア以上にしたい場合の案内はあるにもかかわらずだ。最低の契約アンペアは10アンペア。ほぼすべての人が、東電のサイトを見れば、普通はそう思うようにできている。

ようやくそれらしき契約を見つけたのは、サイトの右端に小さくあった「料金単価表」の項目の中。丁寧につくられた料金紹介コーナーとは大違い。料金表を機械的にアップしただけのシンプルなページだ。「従量電灯の契約種別」というところに、一般的なＢではなく、Ａという項目を見つけた。最低料金は最初の８ｋＷｈまで２２４円45銭。上記超過１ｋＷｈごとに18円89銭とある。

どうやらこれのことだが、５アンペアという表示はない。東京電力を取材していた杉原記者に聞いていたから、これが5アンペア契約だとわかったのである。

節電を呼びかける東京電力が、この契約を積極的に公表していないばかりか、ほとんどないものとして扱っているのは明らかだったが、なんとかそれらしき従量電灯Ａという契約があることは確認できた。しかし、果たして渋谷区の普通のマンションに暮らしていて、この契約が可能なのか。アンペア数が本当に5なのか。サイトの情報からはまったくわからない。

東電カスタマーセンターの抵抗

2012年7月4日、いざアンペアダウンを申し込もうと東京電力のカスタマーセンターに電話をかけた。電話口に出たのは、丁寧で落ち着いた声の女性だ。この時点で、東電のサイトで5アンペアの文字を確認できていない。

「一番低いアンペア数に変更したい」と申し出た。

女性は「10アンペアになります」と答える。

んっ、10と聞こえたな。言葉は明確明瞭で、疑問を差し挟む余地もない。きっぱり言い切られると、自信がなくなってきた。改めて尋ねた。

「最低のアンペアは10アンペアなんでしょうか」

「そうです」

答えは変わらない。聞き間違いでもないようだ。

「10アンペアへの契約変更ということでよろしいですか?」

たたみかけてきた。小学生のときから、正論で人の未熟をじりじりただしてくる優等生タイプは苦手だ。

「はい、お願いします」と答えそうになったが、弱気でばかりはいられない。語尾にいくにつれ、声が小さくなるのが自分でもわかったが、聞いた。

「5アンペアという契約があると聞いたんですが……」

「ごっ、5アンペアですか？？？　10アンペアではなく、5アンペアということですか？　少々お待ちください」

5という数字を聞いたことで、落ち着きはらっていた優等生の声のトーンが明らかに高くなったのがわかった。想定問答集にはない質問だったのだろう。

電子音を聴きながら、ずいぶんと待った。3分は経っただろう。同じ女性が電話口に出た。

「大変お待たせして申し訳ありません」

声はどっしり構えた学級委員長のようなトーンに戻っていた。

「5アンペアということでしたけれども、たしかにございます」

さっきまでは最低が10と言っていたのに、臆面もなく言う。

「でも、先ほどはないとおっしゃって」と言い終わらぬうちに、委員長は一気に話し始めた。

「お客様はいま40アンペアの契約でいらっしゃいますよね。電子レンジやエアコンはお使いですよね。5アンペアといいますとね、こういったものは一切使えなくなるんです」

独壇場だ。

「そうですね、ドライヤーも掃除機の強も使えません。10アンペアでもかなり大変ですが、5アンペアでは普通の暮らしはできなくなります」

「冷蔵庫？　洗濯機？　製品にもよりますから何とも申し上げられませんが、そのような家電を同時にいっぺんに使うといったことは、まずできなくなります。普通には暮らせなくなります」

なぜ、こんなに東電のカスタマーセンターの女性はぼくの生活を心配するのだろうか。それとも、アンペアダウンを簡単にさせてしまうのは、オペレーター一生の不覚とされているのだろうか。だとしたら、なぜ10アンペアはあっさり認めてくれそうだったのだろうか。さっぱり言うことを聞かない男子を説得するような口調に、ざわざわといらだちながら、ぼくは頭の隅でそろそろ話を進めなくてはいけないと考えていた。言うことは言わねば。

この日何度目かの「普通の生活ができなくなります」という言葉が出たとき、ぼくは宣言した。

「いいんです。掃除機もエアコンも電子レンジも、もう使いませんから」

説得を実らすことができなかった女性はようやくあきらめたようだ。

「そうですか。わかりました。５アンペア契約をご希望ということですね」

そう言って事務的な説明に入っていった。

「本来だと、電話でアンペアダウンの申し込みは完了します。後日、工事の者がうかがってブレーカーを付け替え、アンペア変更は終了となります。ですが、今回お客様の希望は５アンペアということですので、この電話で申し込みを終えることはできません。５アンペアで支障がないか、工事の者がうかがい、そこでマンションの設備を見させていただいたうえで、問題がないとわかれば、５アンペアにさせていただきます。ええ、10アンペアならば、この場で申し込みが完了できます。問題はございません。5アンペアはそういうことになっておりますので」

30分近くかかって、ようやくカスタマーセンターから一応のお許しをいただき、電話を切ることができた。どうやら10アンペア契約は問題なさそうだが、5アンペアのハードルはとてつもなく高そうだ。どんな場合に支障があると判断されるのか、彼女に聞いても要領を得なかったので、準備も対策の取りようもない。

とりあえず、工事の人が5アンペア契約を志す我が家を訪ねてくるところまではこぎつけたが、予想外の抵抗にぐったり疲れた。電話を握っていた手が汗でぬれていた。

さわやか東電青年、現れる

それから9日後、東京電力の工事の男性がやってきた。カスタマーセンターの女性に難渋したので、どんなやりとりになるのだろうと身構えていたが、やってきたのは若くて笑顔がさわやかな青年だ。手元の書類を見ながら言った。

「5アンペアですよね。少々、お宅の家電を見させていただきたいのですが」

あくまでも低姿勢だ。

どうぞ、どうぞ。電子レンジ、トースター、エアコン、掃除機……。カスタマーセンターから使えなくなると指摘されていた家電を隠すことなく申告した。男性はそのたびに、「これは使えなくなります。これもです。大丈夫ですか」と確認していく。

「大丈夫です。もう使いません」

「では、今後使うのはどの家電ですか？」

「冷蔵庫に洗濯機。照明は自分がいるところだけにすればいいかな」

「わかりました。ちょっと見てみましょう」

青年は脚立《きゃたつ》に乗り、洗面所の上にあるブレーカーに手を伸ばした。手には、どのくらいの電気を現在使っているかがわかるチェッカーがある。計測値は冷蔵庫を使っている状態で1アンペア未満。問題はなさそうだ。口頭試問と実技試験をこなす受験生の気分になっている。順調に試験が進み、少しほっとしているところに困ったような顔で青年が聞いてきた。

「でも、どうして、ここまで電気を減らそうとお考えなんでしょうか」

最終質問とみた。ここで、きちんと答えられるかで、合否が決まる。

「ぼく、あの原発事故のとき、福島にいたんです。福島県民だったんです。だから、もう電気はあまり使いたくないんです」

そこまで話したところで、彼が何度もうなずいた。大きく一度、二度。

「そうでしたか」

福島にいた。その一言で、なぜ5アンペアなのか、すべてを理解してくれたようだ。青年の顔に申し訳ないというような感情が浮かんだのを見て、ぼくもそれ以上力んで話すことは止めた。

「わかりました。5アンペアということで、契約を変えさせていただきます」

東京電力の名札をつけるまだ20代そこそこといった風情の若い彼もまた、客の家をあまた訪問する中で、つらい言葉を浴びせられたことがあったのだろう。自分なりに福島の事故の意味を考え、東京電力の一員として、業務をこなしているのだ。そうでなければ、ぼくが福島にいたことと、5アンペアを希望するという関係をあれだけ素早く一言で理解するはずがない。

少しでももめたら徹底的に自分の思いを主張して、5アンペア契約を勝ち取ろうと意気込んでいたぼくは、急速に穏やかな気持ちになって、彼の説明に耳を傾けた。

5アンペアに驚きの新事実発覚

すると、新たな事実が発覚した。5アンペア契約なのだが、10アンペアのブレーカーをつけていくというのだ。

いまいち事態が飲み込めず、「えっ！」と驚きながら、好青年の説明を聞いた。おおよそこんな内容である。

5アンペアは、物置小屋や集合住宅の玄関や廊下の照明、自動販売機の動力といった使われ方を想定する契約である。こうした場所では、単相二線式という形式の分電盤が使われていて、電力会社は5アンペアブレーカーも用意している。ただし、ほとんどの家庭で使われているのは、多くの電気が取れる単相三線式の分電盤。ここにつけられる5アンペアブレーカーは、いまのところ存在しない。

分電盤は各家庭の持ち物なので、電力会社はブレーカーを変えることしかできない。しかし、単相三線式につけられる5アンペアブレーカーはないので、最低でも10アンペアのブレーカーをつけるしかない。そうすると、10アンペアまで電気は使えることになる。

通常のように電話だけでアンペアダウンの申し込みが終わらないのは、そのためだ。係員が来て、家中の家電をチェックし、5アンペア、つまり500ワットを超える家電がない場合には、10アンペアブレーカーでの5アンペア契約を認める。5アンペアを超える家電がある場合には、10アンペアの契約をお願いする。その場合は、10アンペアの基本料金を徴収する。

そういう事情があったのか。だから、東京電力は従量電灯Aの契約を一般の人の目に届かないように、気づかれないように、サイトの隅に追いやっていたのだ。

結局、エアコンを同時に何台も使うような状態が想定されていない古い家やアパート、物置小屋などをのぞけば、ほとんどの家には5アンペア契約でも10アンペアブレーカーがつく。10アンペア契約をしている人がそれに気づいて5アンペア契約を申し込めば、基本料金300円弱を支払う必要のある10アンペア契約の意味がなくなってしまう。

とはいっても、５アンペアという契約がある以上、「最低のアンペアは？」と尋ねているのに、10アンペアと答えるのは問題がある。事実を隠しているだけでなく、うそを言って人をだましていることになる。

なぜ10アンペアと案内したのか、東京電力本社に取材して聞いた。

カスタマーセンターの職員は会社から５アンペアという契約があることを知らされず、10アンペアを案内し続けているのではないですか？

「カスタマーセンターの職員は、当然５アンペアの契約があることは知っております。ただ、普通の家庭が５アンペア契約をすることはまずあり得ません。こちらで案内したわけではありませんので明確な答えはできませんが、今回は一般のお宅で５アンペア契約をするという想像が働かず、案内をしなかったのではないかと思われます」（広報担当者）

本社はあくまでも、一職員の想像が働かなかったことによる案内ミスとしたいようだったが、現場ではたとえばこんなことが起きている。

後日、5アンペア生活についての新聞記事が出た際、神奈川県横須賀市の女性から、ぼくに感謝の手紙が届いた。離れの小屋で開いていた学習塾を閉めた際、最小のアンペアにしたいと東京電力に聞くと、10アンペアと言われたのでそのとおりに契約し、長い間基本料金を支払い続けてきたのだという。記事で5アンペアがあることを知り、無駄な基本料金を払う必要がなくなったという内容だ。

ただ、女性が記事を読み、東京電力の営業所に電話すると、男性職員はこんなことを言ったらしい。

「5アンペア契約はできません。あの記者だけ特別で、本来はできない契約です」

相当抵抗した末に、「あなたも特別ですよ」と言われ、何とか契約にこぎつけたが、これまでに払ってきた基本料金は返ってこない。職員は、一般の人には今後も伝えるつもりはないと、はっきり言ったという。

事故やミスだけでなく、自ら規定した電気料金メニューでさえ、隠してなかったことにしてしまう。悲しいけれど、日本最大の電力会社を信じ、心をゆだねてはいけないという気持ちが、また広がった。

第3章

家電版事業仕分けで不安解消

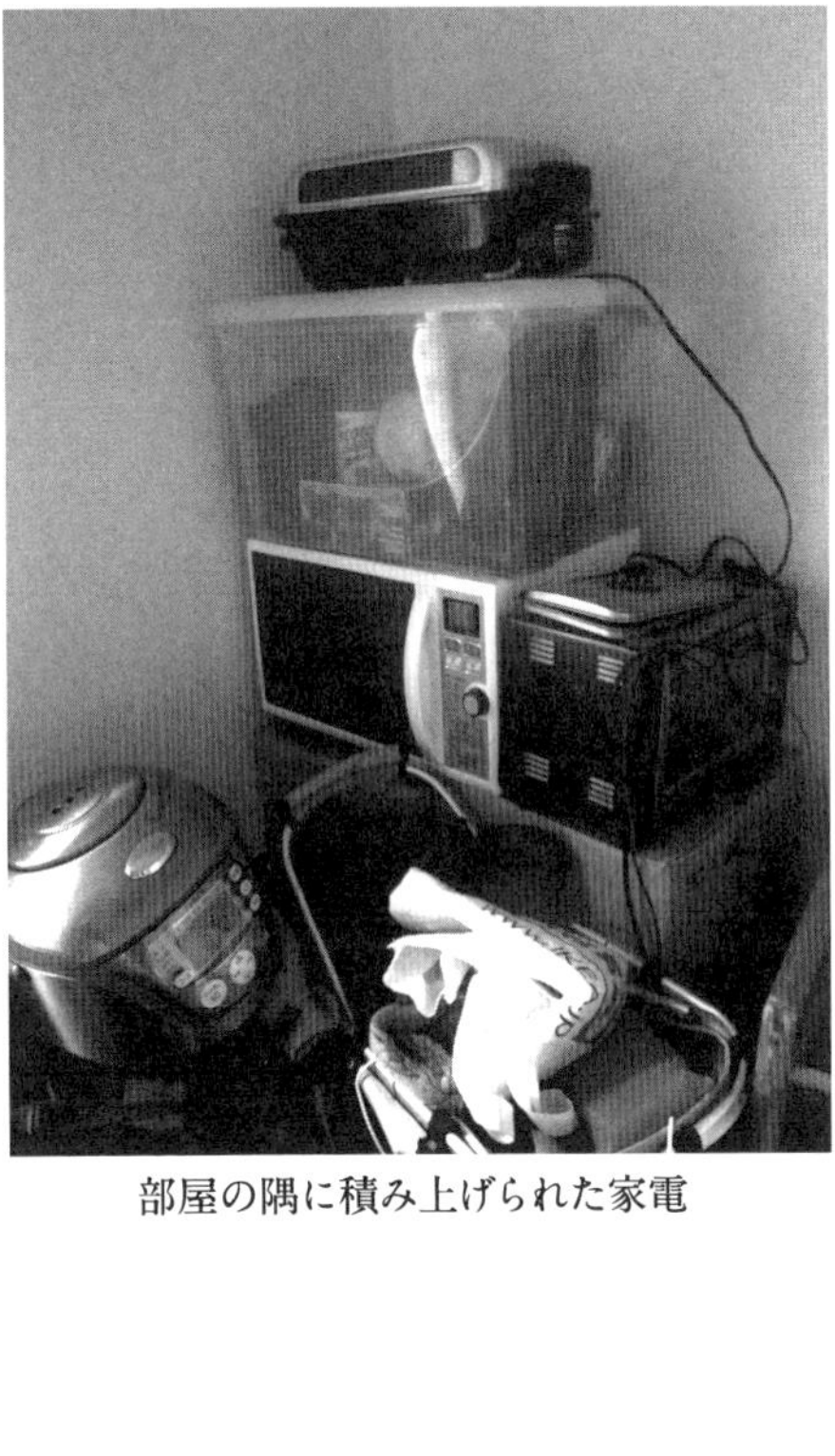

部屋の隅に積み上げられた家電

エコ生活40年超の節電師匠

初めて自分の意志でつかんだ5アンペア生活は2012年7月13日に船出した。ただ、行く先はかすみ、目的地もわからない。難所がどこで、どう乗り越えて進めばいいのかもわからず、大海原に小舟でこぎ出したようなものだった。

心細い航海の羅針盤となったのが、低電力ライフを長く実践してきた小林孝信さんの生活だった。原発事故後の電気の使用制限で、にわかに節電が注目されるずっと前から、40年以上にわたってテレビも電子レンジもエアコンも使わない暮らしを続け、『超エコ生活モード――快にして適に生きる』(コモンズ、2011年)という著作を出している。小手先の技術ではなく、生活に染み込んだ節電がどういうものなのか。小林さんが住む自宅マンションを訪ねた。

偏狭でとがった活動家だったらどうしようと心配していたのだが、小林さんは還暦を過ぎた物腰の柔らかな優しい紳士だった。留学生の受け入れ機関の職員だったからだろうか、20歳以上年の離れたぼくにも、丁寧で正しい敬語を使う。まわりからは名前から取って、「こうしんさん」と呼ばれ、慕われている。

暮らしの詳細は著書にゆずるとして、感銘を受けたのは、無理に我慢したり切り詰めたりしていない、しなやかな強さだ。エアコンは使わない。部屋の窓を開けて、風を通すのが基本。年代物の扇風機が涼風を運んでいた。

ベッドにはゴザが敷かれていた。見慣れない光景に驚いていると、

「この上で寝ると、体がベタベタしません。涼しく過ごせますよ」

20年以上使っているという土鍋が飴色に光り、台所で存在感を放っている。これでご飯を炊くという。

「最初のころは失敗もしましたが、もう体に技術が染みついていますから、おいしく早く炊けますよ」

テレビの代わりにラジオに耳を傾け、全自動洗濯機ではなく、古い２槽式洗濯機を使う。家庭用金庫ほどの年代不明の小さな冷蔵庫が、けなげに動いていた。中を見せてもらうと、数日間で食べきるくらいの食材しか置いていない。隅々まで目が行き届くから、ここで食べ物が置いてきぼりになって、腐っていくこともないだろう。

家電が見当たらない師匠のリビング

寒いときは、北米の先住民族が使うマントを羽織って暖房の代わりにするという。極寒の地に生きる民が編み込んだマントは、適度な重量感で体の線に沿い、温かい。なにより刺繍がかっこよかった。

　あくせくせず、肩肘を張らない落ち着いた暮らしぶり。眉間にしわを寄せて、決然と困難に立ち向かうようなストイックさは、感じられない。最新家電に囲まれ、ずぶずぶと電気漬け生活を送ってきた自分でも、ステップを踏むような軽やかさで前に進める気がしてくる。

「電気を本当に使わなくてはいけないものなんて、意外と少ないものです。無理しないで、がんばってくださいね」

　優しい小林さんの言葉に送られながら、お宅を後にした。一人、大海原にこぎ出す悲壮感は吹き飛んだ。

ぼくは勝手に小林さんを節電師匠としてあがめることにした。気負わず楽しく暮らしていこう。来るときは疎ましく思えた夏のジリジリとした日差しさえ、帰りは好ましく思える。頼もしい師匠を得て、明るい気分で駅までの帰り道を歩いた。

おびえながらのスタート

だが、楽しく、軽やかにという気分は長続きしなかった。ぼくはすぐ必死になった。

節電師匠でさえ当時は15アンペア契約、電気代は毎月1000円ちょっとだ。生半可なことでは、5アンペアでは暮らせないだろう。実際は10アンペアまで使えるといっても、きちんと5アンペア以内に収めたい。最初の数日間は、いつブレーカーが落ちるかもしれないと体をこわばらせ、ビクビクおびえながら過ごしていた。

洗濯機を回したときは夜だったが、部屋の照明をすべて消し、テレビの主電源も切り、エアコンのプラグも抜いた。軽やかさとは、ほど遠い。一生懸命だ。

部屋中の待機電力がないことを確認したが、なお冷蔵庫は動いたまま。我が家の冷蔵庫は一人暮らしには大きく、扉が三つもついた320リットルの容量。大丈夫だろうか。楽しさとも離れ、不安が覆う。いちいちプラグを抜かなくてはいけないようでは、今後の生活に支障が出る。

いつブレーカーが落ちてくるのか。暗がりの中で、洗い、すすぎ×2、脱水と行程が進む洗濯機をじっとにらんだ。最終行程で洗濯機がブルッと身を震わせて止まり、ピーッと電子音が終了を告げたときは、やったーと声が出ていた。

ブレーカーは最後まで落ちなかった。うれしい。こんなことで喜んでいる自分を滑稽に思ったが、悲しくないし、楽しいから、いいことにした。

1000W、つまり10アンペアを超えるエアコンや電子レンジ、トースターは、これまでの東京電力とのやりとりで使えないのがわかっていたから、問題はない。ただ、扇風機+冷蔵庫+テレビとか、照明+扇風機とか、ジャッジが難しい合わせ技の問題が次々に出てきては、ぼくを困らせる。

冷蔵庫をのぞいて二つ以上の家電は同時に使わないように心がけながら、おどおどと最初の数日を過ごした。

電気の見える化

ブレーカーは一度も落ちなかったが、見えない敵との戦いに明け暮れ、消耗が激しい。楽しさも一瞬で消え去る。東京電力の工事の青年が持っていた消費電力量がわかるチェッカーのようなものがあればいいんだ。そう気がついて、ネットで調べると、すぐに見つかった。

ワットチェッカー。ティッシュボックスを一回り小さくしたくらいの大きさで、数千円で売っている。壁のコンセントにつけたチェッカーに家電のプラグを差し込めば、液晶画面にリアルタイムで消費電力が表示される。

ワットチェッカーが届くと、ぼくは片っ端から我が家の家電の消費電力量を計測していった。この計測は、とても意義深い結果をもたらした。

エアコンなきいま、活躍ぶりからして相当の電力を消費しているかに思えた扇風機は、「弱」で０・３アンペア、「強」でも０・７アンペアしか使っていない。エアコンと比べて10分の１以下ですむ、優れた省エネ家電だ。

同じ家電でも、動作によって消費電力量がずいぶん違うことも明らかになった。320リットルの冷蔵庫は通常0・8アンペアくらいなのだが、開閉を繰り返してコンプレッサーが作動すると、たちまち2アンペアにまで上がる。一度上がると、下がるのには5分、10分と時間がかかる。庫内の温度が上がらないように、扉を開けずにそっとしておくのが一番いいのだとわかった。開けて庫内のライトがついただけでも、数値がグッと上がる。

洗濯機は、ぐるぐると洗濯物をかき回している間、0・7→1・2→0・9→1・8とめまぐるしく数値を変え、にわか計測員を楽しませてくれた。意外と使わないじゃないかと油断させておいて、一気に4アンペアまで数値が上昇したのが脱水の行程だ。しかも、高値で安定している。

重量が重くなる洗いのときにたくさんの電気を使うと思い込んでいたから、この結果は意外だった。洗濯物の量でも消費電力量に差が出ると思っていたが、ほとんど変わらない。ならば、容量いっぱいまでまとめて洗濯したほうが、ロスは少なくてすむ。

つけっぱなしが基本だった42型のフルハイビジョン液晶テレビは、2・6アンペアを必要としていた。画面の明るさが違うと消費電力に１アンペアほどの差が出る。夜は画面を明るくしすぎるとまぶしいだけだから、説明書を見て、なるべく明るさを抑えるように設定すると消費電力も少なくてすむ。

原稿を書くのに欠かせないノートパソコンは、起動時に１アンペアを超すことがあったが、一度立ち上がれば０・６アンペアほどで落ち着き、０・２くらいまで下がることもある。蛍光灯は０・５アンペア、掃除機の弱は５アンペア……。半日ほどで、全部の家電をさまざまな状況で測った。

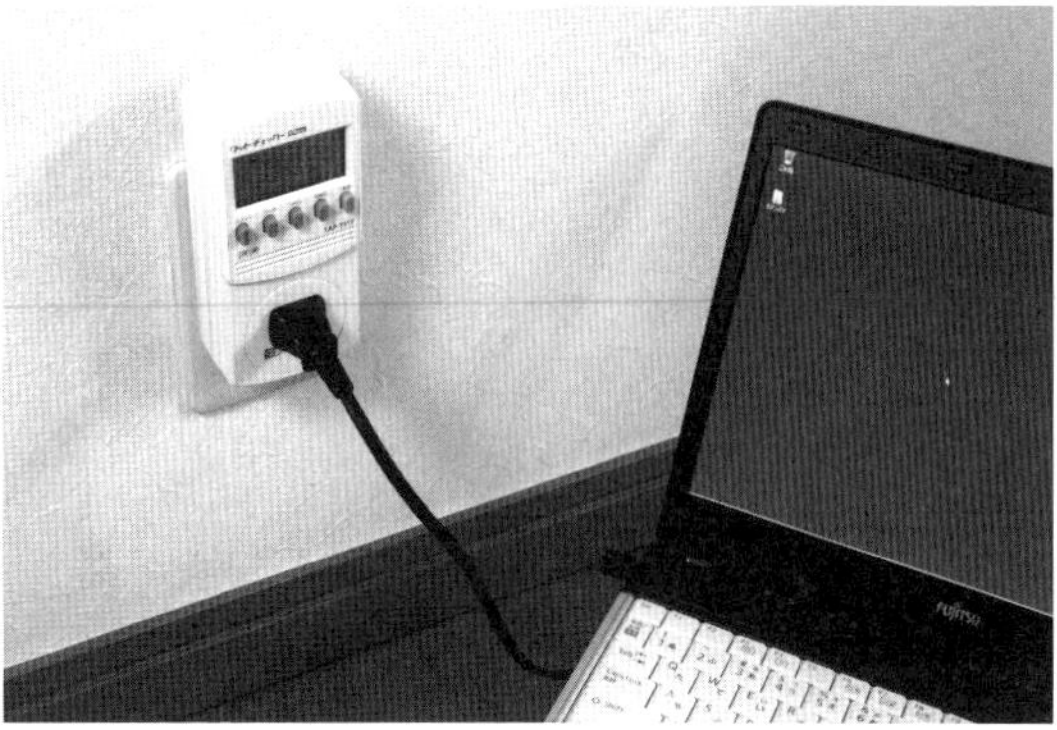
ノートパソコンは 0.18 アンペアだった

そもそも、ぼくは家電が好きだ。街の量販店を地下から最上階まで１フロアずつくまなく歩き、見知らぬ新製品や機能がないかをチェックしているうちに２時間が経っていたということも、ままある。

それでも、今回ワットチェッカーを使って独自アンペア調査をするまで、どの家電がどんな状態のときに、どのくらい電気を使って働くかまでは、知らなかった。発見に次ぐ発見。動物が何をどのくらい食べて暮らしているのかを動物園のバックヤードで特別に見せてもらえたようで、得した気分だ。説明書でも解き明かされていない知られざる家電の一面を知り、ぼくは大いに満足だった。

家電版事業仕分けを試みる

形なき電気の見える化に成功したことで、不必要におびえないで暮らせるようになった。暗闇で洗濯機を監視したり、テレビを見るために汗だくの中で扇風機を止めたりする暮らしとは卒業だ。楽しい5アンペア生活に向けた確かな手応えを感じた。

気をよくしたぼくは、家電版の事業仕分けに取り組んだ。それぞれの家電が本当に必要なのか実態を探り、無駄な電気を使いすぎていないかを追究。効果が十分でないと認められた家電を、徹底的に削る作戦である。

まずは、大量に電気を使う家電から検討することにした。とはいっても、5アンペア契約にした時点で、それらは強制的に使えなくなっている。仕分け人の主役であるぼくに課せられた仕事は、その家電が必要なのか、もし必要ならばどのような手段で役割を代替できるのかを、ひねり出すことだ。

トップバッターは１２００W、12アンペア程度を使う標準的なエアコン。５アンペア超なので、わずかな待機電力も消費できないように、コンセントからプラグを抜いた。白壁の突起物となったエアコンは目障りで、ホコリをため込むだけの存在だが、仕方ない。壁にぶら下がっていることだけは許そう。エアコンの代わりに、窓を開けたり、省エネ家電だった扇風機を使ったりして、涼を取る。あっさりと決まった。

掃除には最新のサイクロン式を使っていたが、これも「強」で10アンペアになる。「弱」も5アンペア。仕分け決定。代わりに、ほうきを使おう。

調理家電は軒並み5アンペアを超えて、仕分けの対象となった。電気は扇風機のようにモーターを回すのは得意なのだが、調理家電のように熱を出す仕事には大量のエネルギーを必要とするのだ。

福島のおいしい魚を味わうために買った魚焼きグリル、パンを焼くトースターは、

10アンペアでアウト。炊飯器は、米を高圧力で蒸らして踊り炊く最新機能が自慢だった。13アンペア。母親からのプレゼントで5万円はくだらないだろう。友人からもらった電子レンジとたこ焼き器もダメ。ごめんなさい。

これらは一切合切、ガスの火で代替できるはずだ。電気は石油や石炭などの化石燃料を投入してつくられるが、発電や送電の過程でのエネルギーロスが大きい。家庭で同じ熱量を発生させたとき、電気はガスの2・6倍の化石燃料を使うといわれている。

主役級の活躍をしてきた家電が次々と表舞台を去り、台所はずいぶんとすっきり広くなった。仕分けられた家電は、部屋の隅に重ねて置いていく。寂しい思いより、すがすがしい気分が勝った。

継続する家電を決める

次に、5アンペアの範囲内だが、かなりの電力を継続的に消費する家電に焦点を移す。

まずはテレビ。小学生のときから、一人の寂しさを紛らわし続けてきた功労家電だ。むげには扱えないだろう。いや、聖域なき改革を断行するべきだ。冷静さを欠いた感情的な二つの意見が自分の中でせめぎ合う。

よくよく考えた結果、リビングから排除はせず、アンテナ線をつけた状態にして、プラグは抜いておくという結論に達した。中庸をもって旨とする。我ながらいい折衷案ではないか。

冷蔵庫は、最弱にして使うことに。後に手放すのだが、このときはまだ、なくなると生きていけない家電の一つだと思っていた。上に載せていた電子レンジをどけ、後ろの壁から10センチほど離し、左右に置いていたものもどけて、熱がこもらないように心がけた。冷やすのが仕事の冷蔵庫の負担が、これで軽くなる。

いままでどおり継続と決めた家電は、洗濯機。学生時代、アジア各国を旅しているとき、もっとも苦手だったのが服の手洗いだった。時間のない社会人の一人暮らしなら、なおさら。「あの人、節電生活しているから不潔ね」と言われるのだけは避けたい。無理せず、楽しく、かっこよく、でありたい。我が心は満場一致で継続を選んだ。

これで、頭の中での家電版事業仕分けは完了した。

いざ、実践の日々

問題は実践だ。母からプレゼントされた踊り炊きの炊飯器を失ったいま、本当に鍋でご飯は炊けるのか。ぼくには勝算があった。

福島から異動した先は、東京本社の文化くらし報道部。新聞の料理欄を担当する記者が、あちらにもこちらにも座っている。料理記者の一人、長澤美津子さんに聞いてみた。

「私も、ご飯は鍋で炊いていますよ」

後に知ったのだが、料理担当記者のほぼ全員が電気釜を使わず、米をガスで炊いていた。

「そっちのほうが、おいしいし、早いもの」

早速、炊き方を教わる。

「水は米の1・2倍(1合なら216cc、2合なら432cc)が目安。最初は強火で鍋にかけ、沸騰したらごくごく弱火で15分。ふたはしっかり。重しを置いてもいいかも。途中で見たくなるだろうけど、開けてはダメ。15分したら火を止めて、10分蒸らす。それで完成。簡単でしょう？　焦げをつくりたかったら、15分後にふたを開けて30秒。パチパチと音が聞こえるまで、強火にかけてみて。大阪の堺にあるご飯自慢の食堂直伝。つやつやの炊きたてに、いつも人がたくさん集まってくるのよ」

片手鍋に水を入れ、ご飯を炊く

炊飯器があれだけ電力を使い、何度も蒸気を吹き上げて、ようやく1時間近くかけて炊き上げるのに、鍋一つでそんなに簡単にいくはずがない。だが、失敗は成功の母。まずは、恐れず前に進もう。

そう考えて、教えてもらったとおりにトライしたら、1

回目からうまくできた。しかも、おいしい。米の様子や炊き上がる音に気を配りながら火を操れば、思いのほか簡単に、鍋一つでふっくらご飯を炊くことができる。焦げをつくるのも自由自在。家電メーカーのこれまでの炊飯器開発の努力や宣伝文句は、なんだったのだろう。火を使った米炊きの技術を、瞬く間に習得できた。

5アンペア生活を始めるまで、ぼくが一番に心配していたのは、電子レンジを手放すことだった。冷凍食品を温めたり、コンビニ弁当をチンしたり。一人暮らしの生活に欠かせない家電だったからだ。

これも料理担当記者に聞くと、「蒸し器で代用できる」と言う。そこで近くの雑貨店で購入し、ご飯を温めてみた。

鍋にうすく水をはり、ラップをかけた冷やご飯を蒸し器に置いてふたを閉め、火にかける。待つこと5分。ホクホクに温まった。これはいける。

コンビニ弁当も試してみた。チーズハンバーグ弁当。同じように蒸し器に乗せて火にかけ待つ。同じく5分。

ここまで常勝だったので、おごりが出た。ハンバーグは表面こそ温かかったが、中のチーズは冷たく固まったまま。完敗だ。空腹も手伝って、すっかり意気消沈。

歯形が残ったままのハンバーグをもう一度プラスチック容器に戻し、再度火にかけた。３分して引き上げ、おそるおそる口に入れると、よしっ。肉にチーズがすっかりとろけだして、おいしい弁当が完成していた。時間は計8分と電子レンジの４倍かかるが、なんとかコンビニ弁当を電子レンジいらずで温めることもできた。

これまで、いかにボタン一つで物事を解決してきたのだろう。家電に頼りきりで、自分の感覚を磨き、技術を習得する努力を怠ってきたのだろう。

家電を手放すことは、不便になることではなく、新たな技術を手にして、生活の選択肢を広げることにつながる。そう実感して、楽しく軽やかな5アンペア生活にまたグッと近づいた気がしていた。このときは。

第4章

励まし、批判、苦闘

布団の上にゴザを敷くと気持ちよい

新聞記事になる？

40から5へ。契約アンペアを8分の1に下げて、電力会社の電気になるべく頼らず暮らす。この5アンペア生活は、生活分野を担当する新聞記者として考えた企画ではない。自分自身の暮らしの足下を、見つめ直す試みだ。

だから、780万部を発行する新聞で世に出したいという欲はなかった。むしろ、無理だろうと思っていた。担当する生活面は料理や家事のように暮らしに役立つ記事や、高齢者や介護の問題などを取り上げ、悩んでいるのは自分一人じゃないんだと共感してもらう記事が多い。そんなお役立ちと共感のメディアに、独身記者が無鉄砲に飛び込んだ超節電生活はなじまない気がしていた。

「書いてみようよ」

文化くらし報道部のデスク、清川卓史さんからそう言われたときも、「本当ですか、大丈夫ですか」と半信半疑だった。生活保護や貧困問題に取り組んできた清川さんは、新橋の焼き鳥屋で電気なし生活を表明したとき、真っ先に「おもしろい」と言ってくれた人だ。

記事に出せなくても、記録に残しておくのはいいことだと思ってぼくは原稿を書き、清川さんは「ぼくはおもしろいと思うんだよなあ」と言いながら、夜中まで「う〜ん」とうなって原稿を見ていた。

ワットチェッカーを使って家中の家電の消費電力量を計測した結果は、家電のイラストを付けて読者に提示することにした。究極の節電に取り組んでいない一般家庭の人にも、この表は役立つはずだ。

「一人暮らしだから、できるんだ」

「他人の電気に依存するだけじゃないか」

読者から言われる前に、先輩や同僚から嫌というほど受けていた批判や指摘は、あらかじめ記事に書き込んでおいた。電気を拒否しながらも、会社勤めをしている以上、どこかで電気に頼らざるを得ない。そんな矛盾はわかっているけれど、自分ができるところから始めるんだ、というメッセージである。

記事は一応完成したものの、掲載前にいつ「こんな極端な記事はダメだ」と社内か

2012年(平成24年)7月26日　木曜日　朝日新聞

5アンペアで暮らしてみた

一人暮らし記者が挑戦

電気に極力頼らず暮らしたい。東京都心のマンションで一人暮らしの記者が思い立ち、契約アンペアを40㌂から最小の5㌂に切り替えた。エアコンも電子レンジも使えない。「普通の生活ができない」。電力会社からはそう告げられた。でも、そもそも普通の暮らしって何だろう――。電気頼みの日常を見つめ直す生活が始まった。

最初はびくびく

7月上旬。東京電力のカスタマーセンターに電話した。係の女性は言った。「エアコンも電子レンジも、掃除機の『強』も使えなくなります。5㌂では、普通の生活はできなくなりますよ」

それから9日後。ブレーカーを交換するために自室を訪れた工事の男性も、部屋の家電をくまなくチェックして言った。「ドライヤーもトースターもだめですけど、いいんですか?」

いいんです、もう使いません。そう押し返した。

東京電力福島第一原発事故の発生前後の2年半、記者は福島県に住んでいた。放射性物質を避けるため、マスク姿で通学する小学生の姿が目に焼きつく。いま、将来のエネルギー政策の議論が大詰めを迎え、野田佳彦首相は原発再稼働の理由を「国民の生活を守るために」と言った。

都心で暮らしながら、電気に頼らずどこまでやれるか。最初の数日は、いつブレーカーが落ちるか、びくびくしていた。テレビと照明を同時につけられるのか、扇風機はまわせるのか。手探りのまま、とにかく家電を二つ同時に使うのを避けた。敵が見えないようで消耗した。

ガスで炊飯、ソーラー充電器も活用

片っ端から測る

そんなとき、家電ごとのアンペアをチェックできる消費電力計をインターネットで見つけ、さっそく購入した。値段は5千円。使い方は、コンセントにつけて、家電のプラグを差し込むだけだ。気になる部屋の家電を片っ端から測ってみた（イラスト参照）。

扇風機は「弱」で0・3㌂、「強」でも0・7㌂。優れた省エネ家電だった。冷蔵庫は通常は0・8㌂ほどだが、扉の開閉が頻繁だと、最大で2㌂ほどになる。洗濯機は洗っているときは1・8㌂だが、脱水時に4㌂まではね上がった。パソコンは起動時に1㌂を記録。後は0・6㌂ほどで安定した。同じ家電でも、使い方や状況で変わるのは発見だった。

電気が「見える」ようになり、ブレーカー落ちの不安は解消した。洗濯機を回すときはテレビは見ない、といった家庭内のピークシフトのルールが決まっていった。

もう一つの発見は、「超エコ生活モード」（コモンズ）の著者で、40年にわたって低電力ライフを実践する千葉県松戸市の小林孝信さん(63)にいただいたアドバイス。「わざわざ電気を使う必要のないものが、身の回りにたくさんある。例えば、お米は炊飯器より鍋で火にかけたほうが早く、おいしく炊けます」

13㌂を使うわが家の電気炊飯器は使えない。10年前から鍋で米を炊いているという食担当の同僚に助けを求めると、「沸騰するまで強火、その後弱火で15分。ふたには重しを」と教えてくれた。

ガスコンロで初めて挑戦。30分弱で、甘みたっぷりホクホクのごはんが炊きあがった。これまで当たり前のように電気を使っていたが、ガスでこんなに早くおいしく炊けるなんて。

ゼロは到底無理

5㌂生活について会社で話すと、同僚や上司からは手厳しい指摘が相次いだ。

「単身者だからできる。家族がいる人は無理でしょう」

確かに受験生がいれば電子レンジで夜食を温めるだろうし、エアコンも使うだろう。5㌂生活は極端かも知れない。ただ東電管内では昨年度、アンペア契約変更の件数（引き上げ含む）が、前年度の1・5倍に。家族世帯でもアンペアダウンを考える人が増えているのは確かだ。

「ビールやアイスはコンビニエンスストアで買うの? 他人の電気を結局使っているだろう」という声もあった。

その通り。エアコンの利いた職場で涼んでいるし、コンビニで冷えた飲み物やおにぎりを買うし、仕事柄パソコン充電も欠かせない。社会人として暮らす以上、電力消費ゼロは到底、不可能だ。

悔しい。せめて携帯の充電だけでもと、高機能の携帯式ソーラー充電器を約1万2千円で購入した。窓際に置いてみると、薄曇りでもフル充電ができた。わずかなエネルギーの「自産自消」だ。

熱帯夜でも扇風機を回し、布団にゴザを敷いて寝ている。節電の先輩・小林さんから教えてもらった知恵の一つだ。思ったより涼しく、快適だった。

たくさんの電気を消費しなくても「普通の暮らし」はできる。5㌂生活は続けられる、それほど我慢をしなくても。今はそんな気がしている。

（斎藤健一郎）

契約アンペア

各家庭で一度に流せる電流の上限。東京電力や北海道、東北、中部、北陸、九州の6電力は契約アンペア数に応じ、基本料金を決めている。東電の場合、一般的な家庭の契約「従量電灯B」では40Aが1092円、30Aが819円、10Aが273円。5Aは「従量電灯A」で、基本料金はゼロ。契約アンペアを下げるのがアンペアダウンで、変更は電話などで申し込む。関西、中国、四国、沖縄の4電力は料金体系が異なり、アンペアダウンできない。

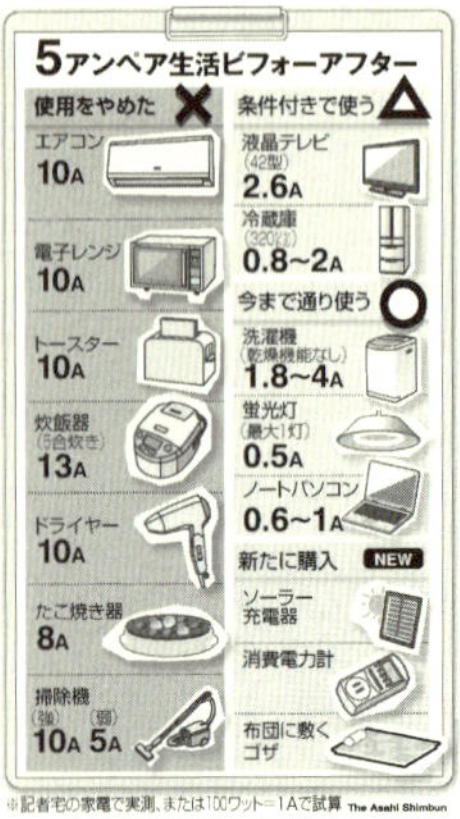

※記者宅の家電で実測、または100ワット＝1Aで試算　The Asahi Shimbun

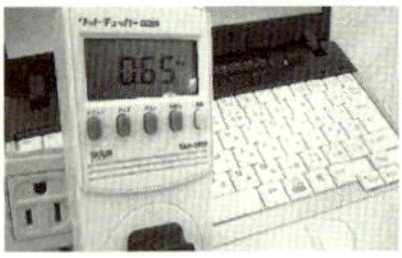
ネットで買った消費電力計。アンペアや料金が一目でわかる

ら声が上がるかわからない。記事がゲラに印刷され、降版（データを印刷部門に送ること）の時間を過ぎるまで、社内でびくびくしながら過ごした。

原稿が印刷工場にまわり、もう誰がどう言っても後戻りができなくなったころ、清川さんがさわやかな笑顔で言った。

「いやー、とりあえずよかったね。何かあったらすぐ差し替えられるように、別の記者の原稿も用意していたんだけどね。よかった、よかった」

反響さまざま、批判は匿名

２０１２年7月26日。朝日新聞の生活面に記事が掲載された。この日は、朝から神奈川県逗子市で長年フリースクールをしている専門家のところへ行き、いじめ問題についてレストランのテーブルを挟んで、真剣に話し込んでいた。

その間、何度もポケットの携帯がブルブルと揺れる。メールの着信が止まらない。悪い予感だ。掲載日の午前中に入るメールには、経験上ろくな用件がほとんどない。記事に間違いや不備が見つかったか、取材関係者になんらかの連絡が必要になったかの、どちらかだ。

目の前の話が少し落ち着いたので、憂鬱な気分でメールをのぞいた。

「テレビの情報番組で記事が大々的に取り上げられていた」(担当部長)

「夕刊コラムの素粒子に取り上げられたよ」(清川デスク)

そのほか、かつての同僚たちから「健一郎らしい」という前向きな感想3通。んっ？　問題があったわけじゃないみたい。安心した。

テレビでも紹介されたことで、インターネットでも記事は広まり、ふだん朝日新聞を読まない多くの人の目にも触れたようだ。翌日から、たくさんのはがきや手紙が会社に届いた。

「我が家も節電に心がけています。暑さの中、体に気をつけてがんばってください」

「いろいろ大変なこともあると思いますが、応援しています」

好意的な感想が9割と大勢を占めたことに驚いた。

後の1割に、批判が混じっている。たとえば、こんな具合だ。字体から女性か。

「電気を使えるようにしておくには費用がかかる。その費用を負担せずに電気を利用するのは、他人の負担に乗っかり、自分だけが得をする身勝手な行為だ」

男性からと思われる手紙。こちらはかなり強烈である。

「戦後、冬でも家の中でシャツ1枚で過ごしているアメリカ映画を見て、そんな暮らしに憧れて、一生懸命働きました。5アンペアの暮らしとか得意になっていますが、当時の日本はみんなそれ以下の生活をしていました。あなたの体験談などおもしろくもおかしくもありません。そのような生活から国民が一丸となって努力し、今日のような快適な暮らしを手に入れたのです。二度とあのような暮らしに戻りたいとは思いません。珍奇な企画で新聞で目立とうとするのは勝手ですが、実に無意味でくだらない記事です。

そんなに電気を使いたくなければ、山に籠もって自給自足の生活をするとか、ホームレスになるとか、電車に乗らないで歩いて生活するとか、電気をたくさん使う新聞社を退職するとか……。要するにジャーナリストとして無能ということでしょうね」

批判の内容の投書は、すべて匿名だった。

きっと、前の手紙の人と同年代であろう。こちらは鹿児島市の67歳の男性の意見。

「5アンペアの記事は極端な内容ではあるが、こういうのも時には良いなーと思いました。私もエコに努めるタイプです。悲しいことに5年半前に1人に。その夏からクーラーなし……扇風機のみ、冬は灯油1缶(18リットル)の生活です。紙1枚も大事にします。このような生活する念の基は『限られたエネルギーを大切に』『自然を大切に』です。

55年前中学校に通っていたときのセリフ『おい、アメリカには2所帯に1台車があるらしいな。夢のような国だな、俺らもそんな国に生まれたかったなー』。それが今は1所帯に2台……。通勤時はほとんどが1人乗り……。エコに努めると経済の停滞が心配。でも、エコに努めない世の中はもっと心配です」

一生懸命書いた記事が、読者からなんの反応もないとしゅんとしてしまうが、批判も含めてたくさんの声が寄せられたことがうれしい。なにより、ほとんどの手紙が記事の感想だけでなく、「私も早速アンペアダウンを申し込みました」とか、「家族持ちには無理と言わずに、一人一人が考えて行動をしないといけないと感じました」と行動が伴っていることに感激した。

福岡県の50代男性からは「同僚や上司の反応が冷ややかだったようなところが気になりましたが、この記事はいろいろな意味で、マスコミの一番大事な仕事である権力監視を身を持ってやっているように思いました。いい記事でした」というメールが届いた。焼き鳥屋での宣言のときから、冗談半分に5アンペア生活の矛盾を突きまくってきた担当部長も「同僚を悪者にして、読者の同情を買うなんて、ひどいよなあ」と言いながら、笑顔。

「続編も期待しているからね」

やっと、励ましの声がかかった。

こうして、ごくごく私的に始めた5アンペア生活はメディアに乗り、公のものとなった。

カジュアルに楽しく節電生活を楽しもうと思っていたが、記事掲載で肩にはさらに力が入る。多くの人が見てくれ、応援してくれている。節電仲間がたくさんいることもわかった。山ごもりも新聞社退職も、いまはするつもりがない。都会で暮らしながら、なんとか都会での5アンペア生活を成功させなければ。

節電の強敵は夏

夏は暑い。本当に暑い。

こんなごく当たり前のことを、ぼくは長らく忘れてしまっていたようだ。寝っ転がりながら、リモコンのスイッチ一つでエアコンを作動させ、熱気を部屋からかきだし、冷気と快適さを部屋に運び込むのが、当たり前だったから。

壁にかかったエアコンがただの箱になった我が家は、8月になると、28℃、30℃、32℃と、朝からおもしろいほど元気に、ぐんぐん室温を上げていった。エアコン使えないからなあ、と笑ってごまかしている場合ではない。

7月なかばの事業仕分けの時点ではまだ余裕があり、エアコンなしでの快適な空間づくりを、頭の中でしっかりと描けていた。東西2方向にある窓を全開にすれば、それなりの風が部屋をかけぬけ、なお暑ければ扇風機が涼風を運んでくる、と。

だが、見込み違いと言うほかなかった。渋谷の住宅密集地に建つマンションの窓から入ってくる風が、ほとんどないのだ。風は吹いていても、幾重にも立つビルというビル、家と家に通り道をふさがれて、部屋までたどりつくことができない。窓をいくら全開にしても、風は入らない。体にまとわりつく湿気を帯びた熱気だけが、容赦なく来た。

こうなれば、頼れるのは扇風機しかない。窓を開け放し、ほぼ衣服を身につけない体に、強制的に起こした風をぶつけ続ける。直接体に当てるのはよくない、と言うけれど、理想論だけでは人は生きていけない。そうしなければ暑くていられないのだ。

寝るときも扇風機の風を体に当て続けて、なんとか暑さをうっちゃっていた。「熱中症にならないために、無理せずエアコンを使うことも大事だ」なんていう熱中症対策の記事を書きながら、一方で、必死に扇風機にしがみついて暮らしている。

実際、５アンペアの記事を読んで「こんなバカな生活をさも立派な暮らしのように新聞で紹介して、高齢者が真似して死んだらどうするんだ」という投書が届いたこともある。一度も自分の暮らしを礼賛したつもりはなかったが、新聞記事の下に「危険ですので真似しないでください」とテレビのテロップのように入れるわけにもいかない。

はたから見ればギリギリの忍耐生活だろうが、ぼくの中ではこの不自由な生活を快楽に感じていた節もあった。これまで、物を買ったりそろえたり使ったりすることで、心を満たしてきた。大量消費を前提とした従来の暮らしから離れ、物に囲まれずに過ごすという喜びもあるのだ。

同時に、ギリギリの生活がもろいことも知った。すっかり寝入っていたある夏の夜、ウワーンというあのどうにも不愉快な音が耳元を何度か行き交った。蚊だ。開け放した窓。わずかに空いていた網戸の隙間から侵入したらしい。

裸で寝ているのだからこのままでは、体中刺されてしまう。夜中に起き出し、ランタンの明かりをつけていまいましい侵入犯の捜索を始めたが、どこにどう隠れたのか、いっこうに姿を現さない。

ぼくは蚊にすぐ刺される体質だ。まわりにたくさん人がいても、誰より蚊に刺される。おかげで蚊に刺されずにすんだ人は、ぼくが蚊の標的になりやすい理由を体温が高いからだとか、血液型がB型だからだとか分析しては、他人事のように笑う。

この夜は、蚊が来なかったと信じ聞かせて布団に入ったら、また耳元にウワーンと来た。徹底抗戦を誓い、明かりをつけたが、また見つからない。戦いをあきらめ、蚊のいた部屋を脱出し、居間に布団を運んでいって寝ることにした。

ようやく蚊からは逃れたものの、今度は寝室側のドアを閉めてしまったために、部屋に熱気がこもって、どうにも暑い。扇風機をあてても、まだ暑い。

再度、蚊の捜索に起きだしたり、あきらめて居間に戻ったりを繰り返し、朝まで眠れずに過ごした。やり場のない怒りは、蚊よりも、壁にかかっているだけでまったく役に立たないエアコンに向かった。いっそ、はずしてしまおうか。

古き良きものの活躍

家電版事業仕分けに引っ掛かり、我が家の隅に積み上げられた家電の数々は、当たり前だが、使えなくなったとたん、なんの役にも立たなくなった。美しくもなければ、香りもない。ただのガラクタだ。

最新式のサイクロン掃除機はワインレッドの光沢が掃除機離れしていてかっこいいと思っていた。だが、いまや吸うことも吐くこともできず、ただだらしなくホースを

すぐれもののほうきと仕分けされたエアコン

床に伸ばして、部屋のスペースを占領している。

代わりに我が家に来たほうきの美しさと言ったら、どうだろう。鎌倉の青空市で見つけ、友人が5アンペア生活の門出にとプレゼントしてくれた。名は中津箒。神奈川県北西部の愛川町で職人が手で編んだ1本もので、安い掃除機が買えるくらいの値段がする。でも、一度買えば、電気を一切使うことなく、故障することもなく、5年、10年と使えるだろう。掃除機のように無遠慮な音もたてない。

床に物が置いてあると、掃除機ならゴツンと衝突したり、ひっついて吸い込もうとうなったりする。まるで喧嘩だ。勝負だ。ほうきは違う。しなやかに形を変えて障害物をかわし、優雅に機敏にホコリを集めてくれる。職人の手による編み込みの造作が美しいから、壁にかかっているだけでインテリアになる。置く場所も省スペースですむ。

これまで前時代的な古い家電だと思っていた扇風機は、夏の5アンペア部屋では、ヒーローだった。命の恩人といってもいい。エアコンの10分の1も電気を使わず、風を運び続けてくれる。エアコンのように強制的に部屋を冷やすわけではないから、体への負担が少ない。夜寝るときは、壁に一度バウンドさせれば、ぐっと柔らかい風になる。

さらに、近所のスーパーで2000円ほどのイグサのゴザを見つけ、布団に敷くことにした。節電師匠の小林さんにならった酷暑撃退の技の一つだ。シーツならば汗でベタベタになるところ、吸湿性に優れたゴザは汗を吸ってくれ、ベタベタしない。最初こそゴワゴワした硬さに慣れなかったけれど、数日でこのサラサラとした自然な感触が大好きになった。イグサのさわやかな香りも部屋にほのかにただよって、心地よい眠りにつくことができる。

昔からさまざまな商品が世に出ては消えていった。役割を終えて表舞台を去ったもの、人びとの生活に浸透しないまま霧散したもの、市場競争に敗れ淘汰されたもの。家電はとくに栄枯盛衰が激しい分野だろう。毎年のように新製品が発売されては消え、数年も経つと、時代遅れの古くさい商品になってしまう。

その点、激しい消費社会を生き抜き、古くから人びとの生活を支えてきたものの実力はすごい。驚いた。いかにこれまで雑誌やテレビのＣＭの宣伝文句に踊らされて、金を浪費し、エネルギーを消費してきたかに気づかされた。

本物は静かに存在していたのである。電気も家電もふんだんになかったころから生活に根ざしてきた道具のしたたかさと強さ。古き良きものには、最新家電を上回る普遍的な力があるのだ。

第5章

5アンペア生活の成長

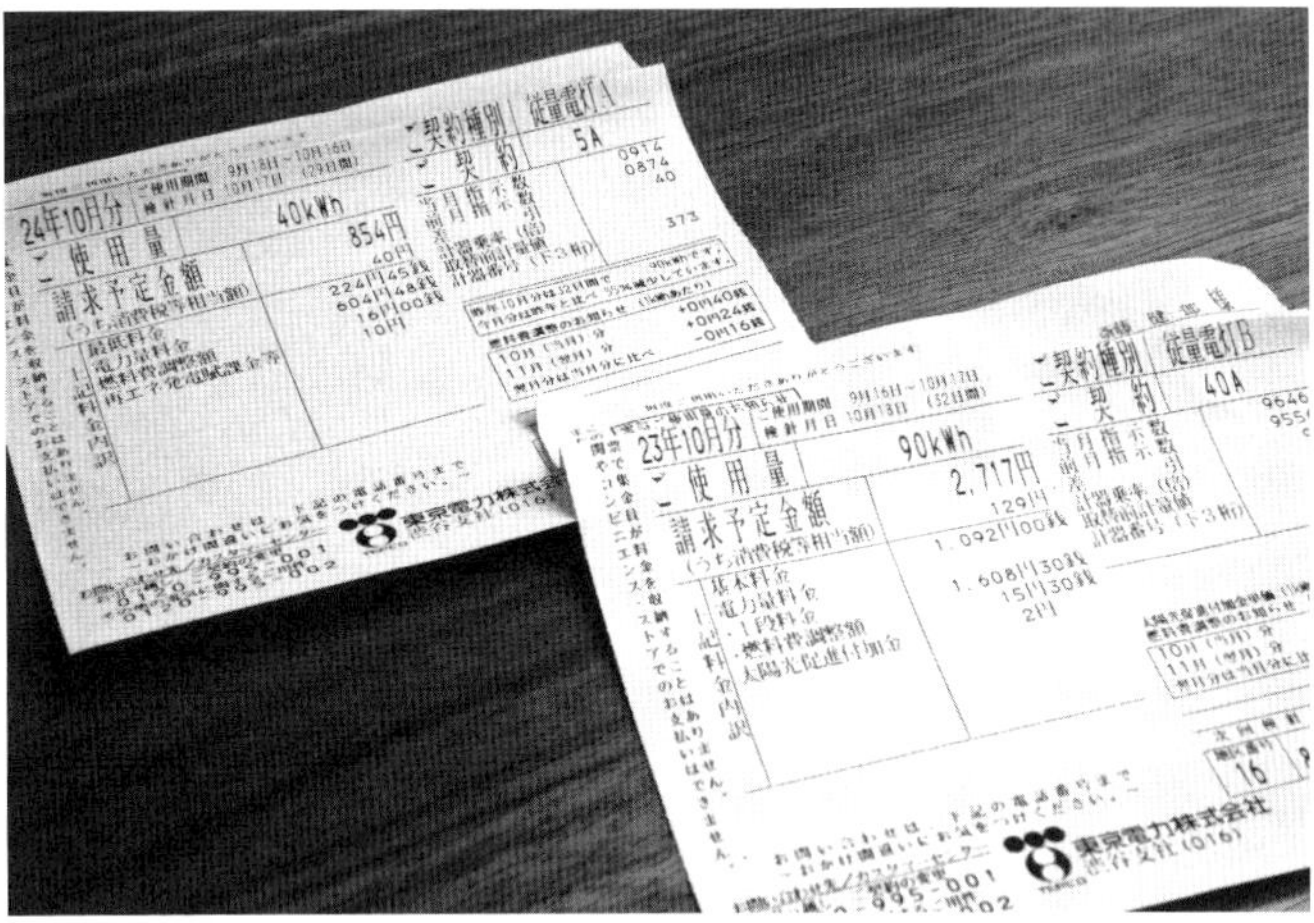

2012年10月の電気代は854円。使用量は対前年比55%減

オリンピックの誘惑に負ける

7月なかばに始めた刺激的な5アンペア生活は、すぐに平凡な日常になっていった。心の隙を突くように、誘惑が忍び寄る。

最初に禁断症状が現れたのはテレビである。小さいころからずっと、家にいるときはつけっぱなし。テレビ好きが高じて、大学卒業後はテレビプロダクションに就職したくらいだ。5年間、アシスタントディレクターやディレクターとしてドキュメンタリー番組をつくり、30歳を前に活字の世界に転身したのである。

我が家にあるのは、何度も書いたように一人暮らしには大きい42型フルハイビジョンテレビ。画面の明るさを抑えても2・6アンペアは使う。だから、プラグは抜いて、どうしても見たい番組があるときだけ見るのをルールにした。

5アンペア生活を始めてまもない2012年7月末、オリンピックが始まった。舞台はロンドン。時差の関係で、各競技がもっとも盛り上がる時間帯は日本では深夜になるから、昼間に会社にあるテレビでチラチラと観戦するわけにはいかなかった。決まった時間帯に決められた内容を放送する通常の番組と違い、オリンピックは競技種目こそ決まっているものの、いつどこで、誰が活躍し、どんな感動を味わえるのかはわからない。恩恵に預かれるのは、見ている人だけだ。

最初はテレビが視聴できるワンセグ機能のついた携帯電話で見ていたが、そのうち我慢ならなくなった。マッチ箱ほどの小さな画面では、卓球の球はおろか、サッカーボールさえ、どこにあるか見えやしない。

どうしても見たい番組があるときだけ、と決めた自分との約束をあっさり反故にして、ぼくは連日夜遅くまで、テレビをつけっぱなしにした。もろいものだ。楽しくカジュアルに過ごすのが5アンペア生活の目標だから、4年に1度の祭典を心から楽しもう。スポーツは筋書きのないドラマ。生放送で見るにかぎる――。自分の心に言い訳をし始めると、際限がない。

テレビにかぶりついて見ているならまだいいけれど、最悪なのはつけっぱなしのまだらしなく寝込んでしまい、朝を迎えたときだ。数回あった。あーっと思ったときは、もう遅い。メダル獲得の瞬間を見逃したばかりか、朝の情報番組の女性キャスターが「おはようございます。昨夜はすごかったですね」と笑顔なのに、ぼくは不機嫌きわまりない。画面をにらみつけながら、プラグを引っこ抜いた。

とはいえ、ブレーカーが落ちることは一度もなかった。2・6アンペアのテレビをつけながら、最大4アンペアの洗濯機を使えば、計6・6アンペア。簡単に5アンペアは超える。でも、夜中だから、テレビのほかに電気を使うこともない。必要なのは最大2アンペアの冷蔵庫と、弱で0・3アンペアの扇風機くらいだ。

ブレーカー落ちは不愉快でやっかいなものと考えてきたが、いまは電気の無駄遣いを警告してくれる便利なシステムだと思うようになった。

電気代が下がる、下がる

8月なかば。「電気ご使用量のお知らせ」が東京電力から届いた。7月18日から30日間で、使用量は59kWh。5アンペア生活を始めるひと月前の6月より9kWh増えている。原発再稼働や東電の電気代値上げが言われていたので、以前から意識して使用を抑えていた。使用量が上がってしまったのは、連夜の扇風機とオリンピック観戦の影響だろう。気合が乗っていただけに、がっかりした。

ただし、「ご請求予定金額」のところを前月と見比べて驚いた。７月請求分より８０８円も安い１２０８円になっていたのだ。使用量は９ｋＷｈも増えたのに、なぜ電気代が下がったのか。

理由は明白。40アンペア契約で１０９２円を支払っていた基本料金がなくなったからだ。仮に１０００Ｗの電子レンジが２台、３台とあっても、１台ずつしか使わなければ10アンペア契約でもブレーカーは落ちない。家電を使う時間が一度に重ならないように工夫できれば、どの家庭でもアンペアダウンはできる。そうすれば、ぐっと電気代を抑えられる。翌月の９月請求分は、60ｋＷｈで１２４１円だった。

ロンドン五輪の熱狂が去ってしばらくは惰性でテレビをつける日々が続いたが、徐々にテレビをつける時間が減ってくると、そのうち、テレビが見たいという欲求もなくなった。長年の悪習慣を断ち切ったのである。

猛暑を乗り切る

扇風機の風に吹かれながら、一糸まとわぬ姿でゴザに寝そべって猛暑の8月をやりすごし、そのままの勢いで残暑をしのいでいた9月下旬。部屋に置いた温度計の数値が、1カ月半ぶりに25℃を切った。生まれて初めてエアコンなしで、夏を乗り切ったのだ。お疲れ様という気持ちをこめて、この夏ずっと回りっぱなしだった扇風機のスイッチを切った。ひさしぶりに、シャツを着てゴザに横になる。

こんな穏やかな夜は、いつ以来だろう。そう振り返ってみようとしたのだが、妙に心が落ち着かない。扇風機を止め、服を着る。そんな急な変化に自分自身が戸惑っているようだった。暑くて吹いてほしいときには吹かない風が、こんなときに限って、全開の窓から涼やかに吹きつけてくる。秋の気配。

もう裸では寝ていられないな、窮屈になるな。苦しいこともあったけれど、ようやく自分なりにペースをつかみ、節電の夏を楽しんできたのに。

夏の生活を手放すと考えると、どうも寂しかった。

9月なかばから29日分の「電気ご使用量のお知らせ」が10月なかばに届いた。使用量は前月から20kWh減って40kWhになり、電気代も一気に1000円を割って854円。扇風機を止めた分が、そのまま使用量減となって現れた。

東京電力から1カ月に1度届くこの「お知らせ」は、学校からの通知表のようなものだ。努力をすればきっちり評価をもらえ、怠ればすぐ請求金額増となって、自分に跳ね返ってくる。

ちょうど福島から東京に転勤してきて1年が経っていたので、お知らせには前年同月との使用量の増減が表示され始めるようになった。

「昨年10月分は32日間で90kWです。今月分は昨年と比べ55%減少しています」

昨年から考えると、あなたはほぼ2日に1日はまったく電気を使わずに過ごしたということですよ。よく頑張りましたね。

決してそうは言っていないけれど、お知らせが自分の努力を認めてくれたような気分になる。一枚の紙切れをもらっただけで、こんなに喜びを感じることができるものだろうか。単純な自分でよかったと思う。

24時間稼働の冷蔵庫をどうするのか

人間は少しほめられると舞い上がり、俄然やる気になるものだ。ここまで電気の使用量が減ってくると、もっと減らしたい。そのためには、何にもっとも電気を使っているのか知りたい。

答えは調べるまでもなくわかっていた。我が家で唯一、24時間休みなく電気を使っているものは、冷蔵庫しかない。

1人暮らしには不似合いな大型冷蔵庫

消費電力が一目でわかるワットチェッカーを再び冷蔵庫に接続し、1日の電気使用量を測ってみた。これを30倍すれば1カ月の使用量がわかる。

測ってみると、2004年製の320リットルの冷蔵庫の電気使用量は1カ月36kWh。我が家の1カ月の使用量が40

ｋＷｈなのだから、計算上、ほとんどが冷蔵庫に使われているのだ。なにかやるたびに発見や驚きがあるのが、５アンペア生活である。

これまで多くの家電を使用不可に追いやり、慣れ親しんだテレビさえも遠ざけながら、冷蔵庫の24時間稼働問題には見て見ぬふりをしてきた。が、ここまではっきりと大きな数字を目の前に示されると、なにかしらの対策を打たなければ、他の家電たちにも示しがつかない。

数日、あれやこれやと考えをめぐらせた。その結果、24時間のべつまくなし庫内を冷やし続けておく必要はないだろう、と一つの仮説を立ててみた。省エネルギーセンターの資料によると、年間を通じて家庭でもっとも電力を使うのが冷蔵庫で、14・2％を占める。以下、照明器具13・4％、テレビ８・９％と続く。エアコンは７・４％で、冷蔵庫の半分ちょっとにすぎない（２００９年）。使う電気はわずかでも、24時間動き続けると使用量は多くなってしまう。

テレビや他の家電のように、ばっさりと結論に持ち込まなかったのには、理由がある。冷蔵庫のない生活というのは、一般の常識からかけ離れてしまうのではないかという懸念があったからだ。

たとえ新聞で書いたとしても、冷蔵庫を止めた瞬間から、「とんだ変わり者がやっている突拍子もない生活」ととらえられるのではないか。楽しく健康的にカジュアルにという当初の目標からはずれ、東電のカスタマーセンターの女性に何度も指摘されたように、「普通の暮らしはできなくなってしまう」ことにならないだろうか。

冷蔵庫はずっとコンセントにつながっているもの、という自分が構築してきた常識がある。ここまで38年、冷蔵庫が家にない生活をしたことはない。一方で、ここ数年、とくに5アンペア生活を始めてからは、その常識がいかに当てにならず、信用のおけないものかにも、気がつき始めている。

すっかり涼しくなってきた10月20日の夜。寝る前に思い切って冷蔵庫のプラグを抜いてみることにした。庫内の温度は、冷蔵庫の扉にある液晶画面に表示される。冷蔵庫は「5」で、冷凍庫は「マイナス15」だった。

たっぷり8時間の睡眠を取った翌朝、起きてすぐに冷蔵庫に駆け寄る。コンセントにつなぎ直すと、すぐ液晶を確認。冷蔵庫は「10」。冷凍庫は「マイナス2」。なんだ、あんまり温度は上がっていないじゃないか。試しに、冷蔵庫の扉を開けて牛乳を飲んでみた。まったく問題なし。庫内の温度は５℃上がったが、よく冷えている。冷凍庫にはいつも二つ、三つとアイスを常備している。こちらは温度が13℃上がっている。好物を口に運んだ。うん、だいぶ軟らかくなっているが、大勢に影響ない。大丈夫かもしれない。

そもそも、我が冷蔵庫の中身はさほど充実していなかった。ビールに牛乳にコンビニスイーツ。ドレッシングをはじめとして各種調味料。わずかに野菜。冷凍庫にはアイスと氷が少々。週に数日しか家で食事をしないので、大きな冷蔵庫をもてあまし気味ではあったのだ。

プラグを抜き、試食もし、問題がないことを確認した。これで24時間稼働の家電は我が家に一つもない。

11月分の通知表をポストから出したとき、「えっ、うそだろう」と声が出た。効果てきめん。電気料金は一気に２８５円、使用量は11ｋＷｈにまで激減していた。

一度、冷蔵庫の24時間稼働をやめると、あとは雪崩をうったようだった。夜にプラグを抜き、そのまま会社へ。電気を奪われても冷凍庫は最後まで冷えているから、牛乳やビールは冷凍庫へ移した。冷蔵部分はほとんど空に。調味料が常温でもほとんど腐らないのがわかると、冷蔵庫を稼働させる必要もしだいになくなっていった。

初めてコンセントから抜いてわずか2週間ほどで冷蔵庫を動かすことはなくなり、食料品の一時保管箱になった。庫内の温度は室内と同じ、10℃くらいだ。

24時間営業停止

24時間365日動き続けてきた冷蔵庫の使用を止めたことは、その機能を放棄した以上に、さまざまな生活の変化をもたらした。一言で表現すれば、足るを知るようになったということだろうか。

外出時にブレーカーを落とすのもその一つ。電気が必ず流れていなければならない家電は一切ないから、レバーを下げて、電力会社から送られてくる電気を一切断つ。義務づけられた電気の消費から解き放たれ、自由な気分を味わえた。

食べ物についても考えるようになった。いままでは、なんでもかんでも手当たりしだい買い、冷蔵庫の中に放り込んだまま忘れて、腐らせていた。いまでは、何をどのくらい食べるか、口に入って全部を消費するまでの過程を考えて、必要な分だけをスーパーやコンビニから、牛乳1パック、ジャガイモ中2個といった具合で求める。まとめて買ったほうが安い食材は多い。一つ一つの食べ物の価格は割高になる場合もあるけれど、必要のないものを買って廃棄するよりは経済的だ。

大好きだった家電量販店に行って新製品や新機能を見ても、ぴくりとも物欲が刺激されなくなった。大量生産、大量消費、大量廃棄のシステムをそこに見るようになったから。

飛びついて買った初代ｉＰｈｏｎｅは、メーカーのシステムアップデートからいつのまにかはずされて、そのうちにアプリを使うことも音楽を聴くことも、できなくなった。買った商品が壊れてもいないのに、メーカーの都合で使えなくされる。思いもよらないことだった。

企業は次々に新製品を出し続け、売り続け、また生産し続ける。この流れが断ち切られれば存在できないから、壊れた商品は直さず、古くなったものを使えなくする。

われわれは新たな消費をあおられ、買ったほうが安いからと修理することもなく、さっさと古いものを捨てて、新たに買い替える。買った新商品はすぐに古くなって、また新商品を買う。きりがない。大量に囲まれていた家電を一つ一つ排除して、初めてわかった。終わりのないシステムの中を延々と走らされていたことに。どうりでいつまでも気持ちが満たされなかったはずだ。この輪から抜けられてよかった。

家電量販店に行くと、誰も見ていないのにつけっぱなしになって同じ映像が流れ続けるテレビ群のスイッチを、片っ端から消したくなる衝動に駆られるようになった。誰も涼んでいないのに、回り続ける扇風機も同様だ。使う必要のない電気を消す。普通に考えれば当たり前のことが、当たり前ではない世界がある。ここには、近づかずに、距離をおいたほうが精神衛生上いい。そう思うようになった。

冬支度いろいろ

猛暑が過ぎて秋。電気使用量は5アンペア生活を始めたときから6分の1近くと劇的に下がり、穏やかな日々を迎えていた。だが、幸せは長続きしない。10月も末になると、部屋の気温が20℃を下回るようになったのだ。

厳しい冬が、そこまでやってきている。５アンペアで迎える初めての冬へ備えなければならない。『エネルギー白書２０１３』によると、家庭で消費されるエネルギーでもっとも多いのが動力や照明で34・７％。続いて給湯が28・３％、暖房が26・７％。動力は家電製品を意味するから、家で家電や暖房の省エネができれば、消費エネルギーは大きく減る。

あったかアイテムいろいろ

まずは窓から来る冷気の遮断に取り組んだ。日本建材・住宅設備産業協会によると、冬の暖房時、室内から逃げ出す熱の58％が窓を経由するからだ。早速、ネットで断熱シートを注文した。断熱シートというと大げさだが、要は梱包用の「プチプチ」と同じようなもの。１ロール１００

0円ほどで、透明だから光も通す。8枚の窓すべてに貼った。

エアコンが使えなくなったいま、こたつが一番暖を取れそうだが、エネルギー源は電気だ。足元の寒さを防ぐためにスリッパを買った。極細繊維でできていて、すり足でフローリングを歩けばホコリが絡みついてくれ、掃除もできる。スリッパをパンパンとたたいてホコリを落とせば完了。もこもこしているから、温かさも抜群だ。

次に上半身。節電師匠の小林さんは、北米の少数民族が編んだマントを使っていた。羽織っていれば温かく、他の暖房は一切いらないそうだ。見習いたかったが、手に入れるのが難しそうなので、ホームセンターで「着る毛布」を見つけてきた。大判のバスタオルのようなサイズ。先住民のマントと同じく、羽織って使う。

予想以上の貢献度だったのは湯たんぽだ。帰宅してコンロで湯を沸かし、布団に入れておけば、寝るときにはほっこり温かい。朝まで手放せない一品となった。

12月なかばに届いた通知表は、5kWhで226円。5アンペア契約の最低料金にまで下がってきた。前年同月比で96%減。まだ使っている家電は、洗濯機と温水洗浄機能付きの便座だけとなった。便座は使うときだけスイッチオン。座るところを温め

男4人の鍋会

ておくと電気を使うので、ホームセンターでシール式のシートを買ってきた。座ったときのひやっは、これだけで解消される。

暮れに近づいたころ、我が家に友人3人を呼び、計4人で鍋会を開くことにした。人が集まって食事をしたら、暖房なしの部屋でも半袖の常夏状態になるのではないか。どこまで部屋が暖まるのかという実験を兼ねていた。

10℃で始めた鍋会。具材を投げ込み、5アンペアの話題で話は盛り上がるが、肝心の室温はなかなか上がらない。1時間半ほどかけて14℃まで上がったところで、鍋を食べきってしまった。鍋会終了。その後は、みんな上着を着込んで話し込んだ。

「寒いなあ」

「男だけで鍋をしても、心寒いな」

暑さには耐えられたのだが、寒さには弱かった。窓にプチプチを貼ったり着る毛布を羽織って鍋会をしたりと、いろいろな対策を試してみたが、大きな改善が見られない。このままでは、楽しく快適な生活をたぐりよせることは難しい。寒さが忍び寄ってきた11月から考えてきた引っ越しを、実行に移す決意を固めた。

第6章

自然を味方につける

実は5アンペア生活に適しているお台場

完全自給への道

5アンペア生活の最終目標は、電気の完全自給自足。いつかは、自分で使う分の電気を自分でつくりたい。

一番現実的なのは太陽光発電だ。住宅街では風力発電のための風が思うように得られないし、騒音の心配がある。水力発電の水車を回すような小川はない。

現実はさらに厳しい。渋谷のマンションは風も通り抜けないほどの住宅密集地。日が当たるのは朝の3時間だけだった。大半の時間は日が部屋にまで差し込まないから、室温は上がらず、昼過ぎからは冷える一方。底冷えがする。福島から転勤してきた1年数カ月前は、そこまで考えずに家を選んでしまった。

同じ失敗は繰り返さない。

引っ越しには明確なテーマを定めた。自然の力を味方につけられる家を選ぶこと。煮炊きや空調を電気の力に頼らない5アンペア生活では重要な条件だ。

築地にある新聞社まで、電車に頼らず自転車をこいで30分ほどで通える距離で、太陽の光がふんだんに降り注ぎ、夏は風が吹き抜ける場所は、どこなのか。

候補地に上がったのは、観光地として全国から人を集める東京湾岸のお台場だった。行政区は港区になる。

フジテレビのある観光地というイメージだけが強かったが、取材でこの街に住んでいる缶詰の専門家を訪ねて、考えが変わった。

季節は数カ月前の夏。ゆりかもめのお台場海浜公園駅を下りると、さわやかな海風が迎えてくれた。駅から歩いていくと、すぐ人工の砂浜がある。伊豆七島の神津島《こうづ》から砂を運んだという白い砂浜には、平日だというのに三々五々人が繰り出していた。若者からお年寄りまで、レインボーブリッジを眺めながらのどかな日光浴を楽しんでいる。

取材先は、駅から徒歩8分ほどのタワーマンションの高層階だった。遮るもののない部屋からは東京湾が一望できる。

取材をあらかた終えると、住まい関係の記事も担当するぼくの関心は、この部屋そのものに移った。聞くと、天気のよい日、きらきら光る海の向こうに房総半島が見え、冬は東京の街並みの向こうに富士山がくっきりと姿を現すという。夏は東京湾の花火が目の前で打ち上がる。東京湾岸のアーバンライフのお手本のようじゃないか。

「さぞかし高いのでしょうね。億ションでしょうね」

取材の延長線上で、遠慮なく聞いてよかった。

彼はいえいえと首を振りながら、お台場の住宅事情を教えてくれた。

「これ、UR都市機構(旧・住宅・都市整備公団)の賃貸物件なんですよ。民間じゃないから、仲介手数料も更新手数料もかからない。管理も行き届いています。お台場って、高層マンションばかりで高級そうだと思われていますが、実際、分譲マンションは海浜公園駅近くの2棟だけ。あとは、みんな賃貸です。安い都営住宅もあるし、東京都住宅供給公社の物件もある。もちろん、スーパーもコンビニもある。ハードルは高くないですよ」

家にいながら外にいるような開放感。改めて外を見ると、西日をよけるためにベランダに植えられたゴーヤの葉が、すずやかに揺れている。都心で太陽にもっとも近い街だと思った。

ヤドカリ生活の効用

日が当たらず、冷え込む一方の渋谷の住宅街の部屋で、陽光に恵まれたお台場の光景がいつも思い浮かぶようになっていった。なんとなく、公営の住宅には居住希望者が常に殺到していて、たまに空きが出ても抽選があり、狭き門をかいくぐった一部の人だけが住めるというイメージがあった。ところが……。

いまやＵＲ都市機構や東京都住宅供給公社のウェブサイトでは、いとも簡単に部屋の空き状況を調べられる。家余りの状況は、公営住宅も例外ではないようだ。抽選や収入制限がなく単身でも入れる部屋が、お台場にもたくさん空いていた。さらに、空室を埋めるための経営努力なのだろう。最初の２カ月を家賃無料で貸すというキャンペーンまでやっていた。

子どもの学校の都合や諸処さまざまなしがらみがなければ、ヤドカリのように、そのときその場所でライフスタイルに合った家に移り住むのも悪くはない。マイホームを持つ人のように土地や家屋に縛られず、自由に住む場所を変えられるのも、賃貸族の特権の一つ。住む場所が変われば、通うスーパーもお気に入りの食堂も、行き交う人の雰囲気も景色も変わり、気分転換にもなる。同じ土地に長く住むことができないのが転勤族の宿命だとすれば、愛着のあるホームタウンが各地に増えていくのも楽しみの一つにしたい。

引っ越しには金も手間もかかって面倒だと考える人も多いだろう。ぼく自身も以前はそう思っていた。だが、２００４年に新聞社に入って以来、東京↓盛岡↓横浜↓郡山↓東京と転勤するたびに引っ越してきた。盛岡と郡山では2年半の任期中にさらに1度ずつ転居。この10年間で計9回になる。会社都合の引っ越しは費用を会社が負担してくれるが、自己都合の引っ越しは自己負担。そのたびに多額の費用をかけていては身が持たない。

引っ越しは必要のないものを見つけて荷物を減らし、身軽になるチャンス。2年以上着ない服や、図書館でも借りられるベストセラー本は、引っ越しの段ボールに詰めずに、思い切って捨てる。背もたれにしかなっていなかったソファや部屋が変わると寸法が合わなくなる本棚も処分した。郡山の築45年の貸家で、家が半壊になりながら家財道具に大きなダメージを受けずにすんだのも、大型家具を持っていなかったからだ。

我が家では、折りたたみ式の机やキャンプ用の椅子を使っている。キャンプ用のアイテムは、安いばかりではない。携帯性にも優れている。使わないときはしまっておくことができるから、スペースを有効に使える。しかも、デザインも悪くない。お気に入りのちゃぶ台も、使わないときは脚をたたんで押し入れにしまっている。

引っ越すたびに、荷物をどんどん手放し、身軽になっていく喜び。荷物が減れば、引っ越し費用もどんどん安くなっていく。

２０１３年１月末にお台場へ引っ越すときにかかった費用は、引っ越し業者に支払った４万５０００円ですんだ。家賃は１カ月約１万５０００円安くなったから、３カ月で引っ越し代の元が取れる。仲介手数料や礼金、契約更新料もない。５アンペア生活のおかげで、賢く貸家を選ぶ能力もだいぶ上がった気がする。

家電よ、さらば

引っ越しを機に不要なものを見つけ、身軽になる。今回は、探すまでもなかった。行き場を失い、部屋の隅に積まれたままになっていた家電の数々だ。

踊り炊きの炊飯器があったり、きれいな冷蔵庫があったり、現役まっさかりのものばかりだから、捨てるのは忍びない。一計を案じ、もらってくれる人を自分のツイッターで募集した。

「5アンペア超家電・放出祭り」と命名し、炊飯器、冷蔵庫、電子レンジ、トースター、エアコンの写真をつけて、もらってくれる人を募ったのだ。

すぐに希望者が10人ほど名乗り出た。ほとんどが見ず知らずの人たちだ。炊飯器とトースターは希望者が複数出たので、厳正なるあみだくじで当選者を決め、宅配便で送った。

誰も手を挙げなかった家電もある。8アンペアを使うたこ焼き器と10アンペアの魚焼きグリル。グリルは福島の新鮮でおいしい魚を味わうために買い、ずいぶんサンマ

冷蔵庫の贈呈式。遊び心が大切

を焼いて楽しませてもらった。でも、ガスで焼けばいいので、無理にプレゼントして新たな電気消費を増やすこともないだろう。粗大ごみとして葬った。

　冷蔵庫は大きくて、宅配便というわけにいかない。手を挙げた神奈川県三浦市の会社員男性がトラックを仕立てて、渋谷まで取りにきた。荷台で贈呈式。特別景品として、もらい手がいなかったたこ焼き器もつけた。大学時代の親友がプレゼントしてくれたものだ。冷蔵庫は、三浦市城ケ島の空き店舗を再生してつくったコミュニティスペースで使われているという。いい行き先が見つかってよかった。

　冷蔵庫を手放した代わりに、クーラーボックスを買い求めた。ものを冷やすのにはエネルギーがかかる。だが、冷えた状態を長く保つことができる保冷庫があれば、新

重いけれど役に立つ保冷庫

たなエネルギーは必要なくなる。氷を入れたそばから溶けていくようなヤワなものではなく、機密性に優れた高性能保冷庫はないものか。

　そう思って探していると、あるイベント会場でジュラルミンケースのような硬派な出で立ちの保冷庫を見つけた。外も内もガルバリウム（アルミと亜鉛の合金めっき）鋼板で覆われ、20リットルの容量にもかかわらず、重さは6キロを超える。

　これだ！　約2万円で購入。

　使ってみると、外が夏の暑さでも、スーパーで買った氷1袋がすべて溶けるまで12時間以上にわたって冷たさを保つことができた。スーパーやコンビニでは、飲み物や生鮮食料品を冷やした状態で買うことが多い。保冷機能がしっかりしていれば、エネルギーをかけずとも冷やし続けられるのだ。

新5アンペア生活

「自然を味方に」をテーマに掲げた引っ越しは、大成功だった。南に向いた窓からは、冬の柔らかい日差しが部屋の奥にまで差し込んでくる。冬の太陽は力強いとは言えないが、偉大だ。1日21時間日が当たらなかった渋谷の部屋の気温が10℃以下だったのに対し、日の出から日没までほとんど日が当たっている新しい部屋は、暖房を何も使っていなくても室温は20℃で、夜も15℃くらいまでしか下がらない。仲間を集めて鍋を囲んでも14℃にまでしかならなかった部屋とは、大違いだ。

寒さが厳しい1月も、春のような陽気で過ごすことができた。春だ。春が来たんだ。

後先を考えず5アンペア生活に飛び込んでから半年。最初は、どの家電がどのくらい電気を使うのかもわからず、びくびく過ごすところからスタートした。夏の暑さを全裸に扇風機で耐え、その間、電子レンジや炊飯器なしでもご飯が食べられる技術を習得。だが、防寒対策を施したものの大きな効果は得られず、心が冷えた。

そんな部屋を飛び出して、ようやく5アンペア生活におあつらえ向きの部屋を探し当てることができた。耐え忍ぶ生活とは、おさらば。自然を味方につけて生活の質を高め、どこまで快適に過ごせるかを追求する新たな段階に入ったのだ。

新しい住まいのブレーカーは、玄関にある。引っ越してきてすぐ、ブレーカーに40の文字があるのを確認した。このまま東電に何も言わなければ、40アンペアの契約が成立してしまう。電気の開通手続きとともに、カスタマーセンターに自発的にアンペア契約の変更を申し込まなければいけない。

ということは、ぼくが出てきた渋谷のマンションは10アンペアのブレーカーがついたまま。新しく入居する住人も、意思を継いで5アンペア生活を始めるだろうか。それとも、開通手続きのときに、東京電力のカスタマーセンターのほうから「アンペアアップされたほうがいいのではないでしょうか」と提案するのだろうか。

新居のアンペアダウンの申し込みは順調だった。以前のように、ひと悶着あることを覚悟していたのだが、電話口で少し待たされただけであっさりと手続きは終わった。拍子抜けするほどだ。5アンペアにする人が増えて、電力会社が断りきれなくなるまでに浸透したのか。それとも、東京電力の要注意リストに名前が載ったのか。

周囲でも、すでに4人が5アンペアにしている。5アンペア生活を始める際にノウハウを伝授してくれた節電師匠の小林さんも、15から5にしたという。師匠が続いてくれたことは、ぼくもうれしかった。

「5アンペアにする人はいるんでしょうか？」

ブレーカーの交換工事に来た青年に聞いてみた。

「5アンペアはほとんどいませんね。自分は初めてです。震災の後は、10アンペアに下げる人がたまにいますね」

なぜ5アンペアにするのかと問うこともなく、彼は淡々と作業をこなすと、すぐに部屋を去っていった。

部屋の外でも節電を

「独身の新聞記者だからほとんど家にも帰らず、会社の電気をじゃんじゃん使って生活しているのだろう」

よく聞かれる5アンペア生活への批判の一つだ。東京の文化くらし報道部に在籍していたとき、ぼくはだいたい午後6時になると会社を出ていた。新聞記者といえども、全員が夜討ち朝駆けで、昼夜問わず働きづめに働いているわけではない。

基本的に朝型のぼくは、忙しくなればなるほど朝早く起きて、誰もいない会社で原稿を仕上げ、取材は昼間のうちにすませる。頭の動きが鈍って原稿がいっこうに進まない夕方からは、自宅に帰って早く寝るという暮らしを心がけている。みんなが思っているよりはずっと長い間、5アンペア部屋で生活しているのだ。

家だけ節電を心がけ、外に出たらジャブジャブ使うという器用さはない。

外でも基本は階段を上り下り。これも新しい発見が多かった。駅などは階段を使いやすいが、デパートやオフィスビルはやっかいだ。ほとんどの人がエスカレーターやエレベーターを使うのが前提のつくりになっている。階段は隅に追いやられて、探すのに手間取ることが多い。非常口の扉を開けないとたどり着けない隠し階段もある。バックヤードを行くようでそれはそれで楽しいのだが、時間に余裕がないときはエスカレーターを使うしかない。

飲食店の入った雑居ビルも問題が多い。食事をしようと外階段をグルグル回って上り、目的のフロアまでたどり着いても、内鍵がかかっていて入れない場合がままある。そのときは、とぼとぼともう一度1階まで階段を下り、たっぷりエネルギーを使いながらエレベーターで上っていくしかない。

とはいえ、雑居ビルの行き止まり階段散歩も悪いことばかりではない。店内はきれいでしゃれているのに、ひとたび裏階段を見ると、くたびれたエプロンや掃除用具が置きっぱなしになっているだらしない店がある。食材が入った段ボールを積み上げている店もあれば、従業員が休憩所に使うのだろう、くの字に曲がったタバコの吸い殻がイライラした様子で詰め込まれた空き缶を発見することもある。逆に、もの一つなく階段まできれいにしている飲食店は好感が持てる。裏階段から店の本性が見えてくる。

会社でできること

新聞社はたくましい世界だ。朝早くに新聞を届けるために、深夜になってなお、たくさんの人が力いっぱい働く。夕方にも新聞を発行するから、早朝から多くの労力が惜しげもなくつぎ込まれている。新聞を製作する編集局では24時間、ファックスやコピー機が紙をはき出し、電話が鳴り続ける。チカチカと明滅して最後の寿命を告げるまで、天井の蛍光灯は消されることなく照り続ける。

ここで毎日働いていると、自分の節電がいかにちっぽけな試みか認識しないわけにはいかない。むなしくもなる。だから、そんな思いにはあえて鈍感になって、自分がやれることだけを小さくなって試みる。

会社内の上下移動も階段。一人なら何の問題もないけれど、同僚と一緒のときが難しい。みんながエレベーターで会議室に移動するのに、一人だけ集団から離れて「ぼくは階段で」とは、なかなか言い出しづらい。そもそもエレベーターが動くことに変わりはないのだから、自分だけ乗らなくても大勢に影響はない。そう言い聞かせる。

2、3人ならば、思い切って「階段でどうですか?」と提案することもある。「あぁ、5アンペアだからね」と言ってもらえれば、記事が世に出た甲斐があったというものだ。同僚をそそのかしてみることもある。

「実は、各駅停車のエレベーターより階段で行ったほうが早いことが多いんですよ。健康にいいし」

夏の間は、スーパークールビズを率先、実践している。仕事柄いつもシャツやスーツ姿のきまじめな同僚が多いが、ぼくは仕事の効率が一番いい服装で臨む。６〜９月、社内での足元はビーチサンダルがほとんど。よっぽど暑い日は短パンで会社に行くことも。会社の入り口では、警備員さんが不審者を阻止するべく背筋を伸ばして立っている。でも、一度も止められたことはない。セキュリティーは大丈夫なのかと心配になることがある。

もちろん、ＴＰＯはわきまえているつもりだ。机の下には2足の靴を用意し、ロッカーには長ズボンもシャツの替えもある。急な来客や取材には素早く着替え、履き替え、対応するのだ。

会社から出るときは、パソコンの電源も携帯の充電器もコンセントからはずす。一人待機電力ゼロ運動。全社員に配られる社内報で、自分の試みとして紹介したこともあるが、「みなさんもやってみましょう」とまではなかなか言い出せない。起動しておかないと情報を受け取れなかったり、システムエラーになったりするパソコンが、新聞社には多すぎる。

自分の暮らしの範疇ならば、電気なんて減らしても大丈夫。古きものを活用しようと声を大にして言える。しかし、ひとたび会社に行けば節電者は肩身が狭い。携帯の充電をしていると、「会社では電気使ってるね」と仕掛けてくる同僚も多い。悔しいけれど、使わないと仕事にならない。江戸時代までは電気がなくても社会はまわっていたはずなのに……。勤める会社だけでもこんな状況だから、社会システム全体を変えることは難しい。やはり電気は必需品なのだろう。

それでも、昼時に市役所や省庁に行くと元気をもらえる。廊下やオフィスの電気を切って節電に努めるのが、ごくごく当たり前の日常になっているからだ。お日様に恵まれない職場は夜のように暗くなっていて気の毒になるが、そこで公務をつかさどる人たちがお弁当を食べていたり、ごそごそと書類を動かしたりする姿を見ると、妙にうれしい。環境省では、2012年に43%の節電に成功したという。世間の厳しい声にさらされながら、お昼休みの1時間でできることから地道にやっているみなさんの行動に励まされるのだ。

新聞社でも、廊下の蛍光灯を間引いたり、夜中の廊下の空調を切ったりと、仕事に支障のない範囲で節電を試みてはいる。それだけでなく、環境保全を紙面で大々的に訴えているのだから、自然エネルギーを積極的に取り入れたり、各階に何台もある自販機を削減したり、足下から試みてほしいと思うが、まだまだそこまでの取り組みには広がっていない。あきらめることなく、ぼくもできることからやっていこう。

シェルターとしてキャンピングカーを買う

快適さを追求し、生活の質を高める新たな5アンペア生活の始まり。次に掲げたテーマは、災害に強い生活をつくること。福島では、地震の被害を受けていないにもかかわらず、原発近くの住人の多くが土地も家も奪われて避難を余儀なくされた。ぼく自身も家が壊れて寄る辺をなくし、ビジネスホテルに逃げ込む日々が続いた。

予測できない災害は必ず起き、我が身にも他人事でなく降りかかる。なにかが起きたときにもあわてず騒がず、盤石な構えで災害と向き合いたい。そのためには、日頃の鍛錬と準備が欠かせない。

生活面を担当する記者は、自分自身の暮らしの課題がそのまま取材に役立つ。震災時に簡易避難所として力を発揮し、シェルターとしての機能が注目されるようになったキャンピングカーに、ぼくは注目していた。そして、連載記事を書くことに。

キャンピングカーが普通の車と決定的に違うのは、車内で寝るための機能が充実している点だ。足を伸ばして眠れるだけでなく、水や電気といったライフラインを備えている。プライベートな空間を保つこともできる。一部の金持ちのぜいたく品だった時代も今は昔。最近は軽自動車をベースにした手軽なタイプが次々に開発されて、人気を集めているのだ。キャンピングカーイベントにも何度か足を運び、会場に集まった何百台もの動く家を見て回った。

一〇〇〇万円を超えるような豪華な車もあるが、人垣ができていたのは軽自動車をベースにしたもの。とくに、ソーラーパネルをつけて自家発電ができるように工夫された軽キャンピングカーは、中のつくりを見ようと順番待ちの列ができるほどだった。

ぼくが気に入ったのは、軽トラックの荷台にキャンパー部分が載るモデルだ。使わないときはヤドカリのように住居部分を切り離して、軽トラだけで身軽に走れるというのが、ほかにはない魅力。普通のキャンピングカーは、車が壊れてしまうとすべてが使えなくなる。これなら軽トラック部分だけを買い替えれば、長く利用できる。

住居部分には計40リットルの水タンクを備え、車の走行に使うメインバッテリーとは別にサブバッテリーを2個乗せている。走行中の充電に加え、屋根につけたソーラーパネルで太陽光充電もできる。電力会社の電気に頼らずとも室内の照明をつけたりファンを動かしたりできるのはもちろん、携帯の充電やパソコン、テレビまで見ることが可能だ。壁には普通の家と同様に断熱材が敷き詰められているので、暑さや寒さにも強い。

キャンピングカーを開発した山梨県甲斐市のビルダーを訪ねてスタッフと話をして、非力な軽トラックを一人前のキャンピングカーに仕立てるために、多くの挑戦と実験を繰り返してきたのがよくわかった。ビルダーの中には、内装の豪華さだけを売りにしてたくさんの装備をつけた結果、重量が増えて走行性能がおろそかになった車

キャンピングカーは「エコトラ丸」と名付けた

も多い。この車は限られた条件の中で、最大限の効果を生む努力が見える。親近感がわいた。自社で造っているから、メンテナンスも問題ないだろう。

運がよいことに、展示品の中古が出ていた。価格は車体と合わせて250万円。値は張るけれど、数千万円のマイホームを買うことを考えれば安い買い物だろう。20年はもつという。思い切って購入し、追加10万円でソーラーパネルも載せた。これでガソリンが補給できずに車が止まっても、電気だけは使える。携帯用のカセットコンロも備えた。有事の際でもしばらくは、ガス・電気・水のライフラインを自力で確保できる。

2つの反省

2011年7月に5アンペア生活を始めて1年が過ぎた。2013年8月までの14カ月間で、電気使用量は266kWh。電気代は7266円。標準家庭の1カ月分(290kWh)にも満たない使用量で、健康的に暮らすことができた。

自分なりには満足な暮らしだったが、ここで告白しなくてはいけない。

まずはエレベーター使用の問題。会社で使わないのは書いたとおりだが、肝心の家で使ってしまったのだ。それも、けっこうな頻度で。

我が高層団地の部屋は27階にある。当初は階段を上っていた。27階という数字に最初こそひるんだものの、いざ時間を計ってみると、上りで6分。下りだとタッタと駆け下りて3分しかかからない。ただし、コンクリートの壁に囲まれて眺望のない無愛想な階段なので、上ることだけに集中しているとつらい。解決策として、地下のポストに届いた夕刊を読みながら上ることにした。1面と社会面にざっと目を通しているうちに、27階に到達できた。

ある日の夜、少し飲んで帰った。エントランスに入ってすぐ階段があれば、こんなことにはならなかったと思うのだが、百貨店などと同様で、ここでも階段はエレベーターの奥に追いやられている。この日は、ずいぶんとエレベーターが誘惑してきた。我慢できずにボタンを押すと、すっと扉が開く。ありがたく乗ると、あっという間に27階まで体を運んでくれた。なんて、楽なんだろう。

ぼくはエレベーターのありがたみを知ってしまった。ズルズルとエレベーター生活に浸りそうだったが、1日1往復は我が足で、と自分を戒めた。それでも、仕事から帰ってくると、誘惑に負けてエレベーターを振り切れない時期があった。

「節電生活するために高層団地に住んで、エレベーターを使っている」

友人や同僚は「待ってました」とばかりに糾弾し、ぼくには言い返す言葉もなかった。

もう一つは電子レンジ問題。家のものは手放したのだが、コンビニで使ってしまった。新聞にはコンビニ弁当さえ蒸し器と火の力で温められると書いていながら、コンビニで弁当を買うとその場で温めてもらうことが多くなった。コンビニが家から近いので、温めてもらえば部屋に戻ってそのまま食べられる。頻度こそ多くないものの、当初の指摘どおり「電気使用を他人に負担させているだけ」という状態に。

便利さに負ける自分。弱い自分がいる。やはり、つらいことや我慢しながらしていることは長続きしないと思い知った。

転勤は突然に

電気の自産自消に向かって進み、東京電力との契約解除をしなくてはいけないなと考えていた7月下旬のある日、文化くらし報道部長に「ちょっと来て」と呼ばれた。胸騒ぎがする。

部長席の横の丸椅子に座るなり、一言告げられた。

「転勤」

「えっ本当ですか？」

「本当だよ。転勤」

「どこに……」

「名古屋」

真っ先に頭に浮かんだのが、「東京電力管内ではない」ということだったので、おかしかった。それにしても、東京に来てからまだ2年も経っていない。これまで2年半周期で異動していたことを考えても、この秋の異動はないと高をくくっていた。

名古屋は中部電力管内だ。これで東京電力と契約解除するという最終目標は、夢なかばで放棄しなければいけない。どうも最近、順調に物事が進みすぎると思っていたが、こういうどんでん返しがあったのか。

転勤まで1カ月とちょっと。ようやく見つけた安住の5アンペア部屋での生活は、わずか7カ月で終わった。

第7章

電気の自産自消へ

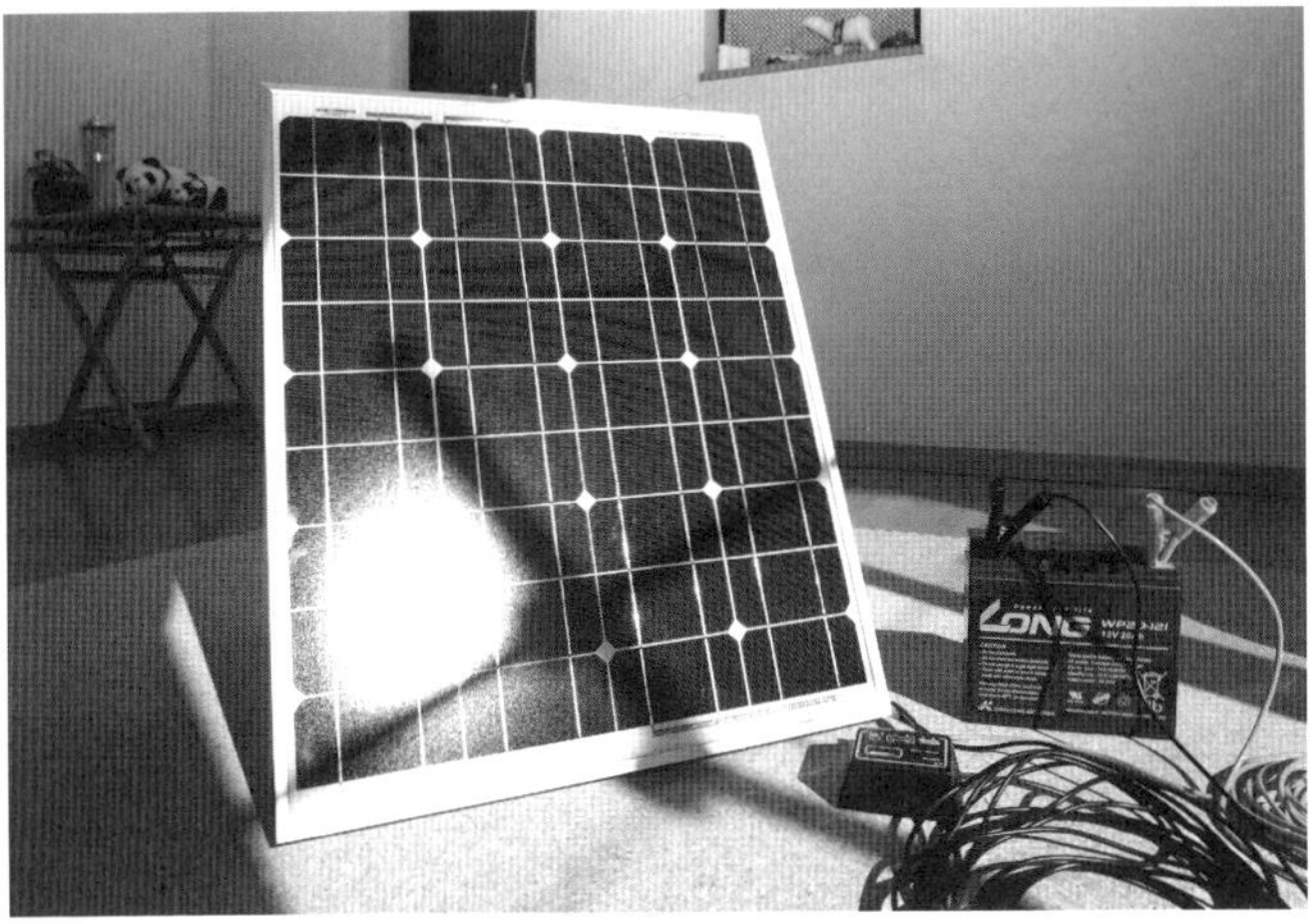

健康第一電力の全容

土地勘なしの家探し

名古屋は取材で何度か行ったことがあるくらいで、縁もゆかりもない土地だ。名古屋駅からどの方向にどのくらい行けば、金のシャチホコを戴く名古屋城にたどりつけるか。そのくらいがおぼろげながらイメージできる程度の土地勘で、適切な新居を自力で探し出さなければならない。新たなホームタウンを探り当てるゲームだと思って、ここは楽しみきるしかない。

まずは、名古屋勤務の経験がある同僚に、どこに住んでいたかを聞くところから始めた。多かったのは名古屋駅から東の方角にある千種区。会社がある伏見に、地下鉄東山線一本でアクセスできるのが魅力らしい。とくに、名古屋駅から地下鉄で15分ほど、レストランや古くからの食堂、スーパーも充実する住宅街で、転勤族も多く住むという覚王山《かくおうざん》。複数の人が挙げたこの地名が、インプットされた。

自転車通勤の身には、地下鉄のアクセスより距離のほうが重要になる。地図を調べると、会社までは約5キロ。名古屋随一の繁華街・栄までは4キロ。よさそうだ。

仕事や送別会に追われ、それ以上の情報を集められないまま、８月下旬の引っ越しが20日後に迫ってきた。このままでは、キャンピングカーが新居になりかねない。

無理やり時間をつくり、日帰りで家探しに出かけることにした。どんなところかイメージはつかないが、とりあえず唯一の手がかり、覚王山を目指す。

新幹線の中から、不動産屋に「いまから行きます」とやっつけの電話をかけた。不動産屋に入ると、家探しの時間が今日しかないこと、冷やかしではなく本気だということを伝える。これが、けっこう大事だ。プロ意識を刺激し、資料をめくる手が２倍くらいスピードアップする。５分もかからないうちに、６件の物件がリストアップされた。図面を見て想像するより、早く実物が見たい。６件すべてを見させてもらうことにした。

そのうち、日当たりのいいマンションと一軒家の２物件で迷い、結局一軒家に決めた。２年半ぶりの貸家生活。築45年だった郡山と違うのは、築12年と比較的新しいことだ。東京に転勤になったサラリーマンが大家さんで、名古屋に戻るまでの間、持ち家を一時的に貸している物件。住める期間が決まっているから家賃もマンションより

名古屋の新居の外観

安い。

日当たり第一の物件選び

5アンペア生活のおもな課題は、電気使用量の節約から、いかに太陽光発電に取り組み、電気を自産自消するかに移っていた。

小さいとはいえ、発電所の所長を目指すのだ。そのために日当たりのよさは必須条件。

覚王山駅から4分、落ち着いた住宅街にあるその物件は、午後の日差しをふんだんに浴びて、光り輝いているように見えた。南に面して2階にはベランダ、1階にはバルコニーまである。

いま普及している一般的な太陽光発電は、

屋根に数百万円もかけてソーラーパネルを敷き詰め、電力会社と配電線をつなぎ、発電した分を電力会社に売る方式だ。これを系統連携式という。一方、ぼくが目指すのは、自分でつくった電気を自分で使う独立式。ここまで節電を進めれば、数百万円をかけて屋根にパネルを乗せなくても十分だ。もっとも、賃貸住宅だから屋根や壁に穴を開けられるわけではない。パネルをベランダに置く程度しかできない。

この家のベランダとバルコニーは、独立型の発電システムをつくるのには好都合に見えた。落下防止のための金具などをつけて、パネルを固定しなくてはいけないマンションのベランダより、自由度が高いだろう。

東西両隣の家とは手を伸ばせば届くくらい密接しているが、南北の空間には余裕がある。窓が東西南北についているから、風も抜けるはずだ。２階のリビングの吹き抜け天井は、いかにも涼しそう。なにしろ、５アンペア生活では自然を味方につけることが大切だ。

掘り出し物の家が見つかった。東京電力の管内で自家発電所を設立するという目標は達成できなかったが、見ず知らずの土地で今後に可能性が持てる。満足な気持ちで新幹線に乗り、送別会が続く東京に戻った。

中部電力でも5アンペア

２０１３年9月1日、名古屋本社の報道センター社会グループに異動になり、千種区の一軒家での生活が始まった。中部電力もアンペア契約制を取っているから、今回もすんなり5アンペア契約できるだろう。そう考えていたら、少し勝手が違った。会社が変われば、流儀も違う。

新しい家は元々50アンペアのブレーカーがついていた。これまでと同じように電気開通の申し込みをかねてカスタマーセンターに電話する。この1年とちょっとで、2回の引っ越しと3度目のアンペアダウン申し込み。中部電力ではどういう反応があるのか、楽しむ余裕がある。

電話口に出た女性は「ごっ、ごっ、５アンペアですか」と驚いた様子だったが、すぐに態勢を取り直し、言い張った。

「10アンペアが最低の契約です」

もう慣れたものだ。中部電力のサイトに「従量電灯Ａ」の５アンペアの契約があることを説明する。

「契約があるのだから、できないわけはないはずです」

いったん電話を切り、今度は営業担当の女性から電話がかかってきた。

「お客様のお宅ですとつけられる５アンペアブレーカーがありませんので、10アンペア契約になります」

言葉遣いは丁寧だけれど、言葉そのものは断定的で厳しい。

ぼくは順を追って丁寧に女性に説明した。

「東京電力でも同様に10アンペアブレーカーしかつけられませんでした。でも、５アンペアを超える家電は使わないのだから、５アンペア契約にできるはずです。東京電力では係の人が来て、家電をすべてチェックしていきました」

女性は納得しきれない様子で、再び電話を切った。なかなか難しい。30分ほど経つと、同じ女性からの電話。どんなことを言い出すか。ぼくは構えた。

「私どもでも、東京電力と同じく、５アンペアでやらせていただきます」

中部電力のいかなる部署で、何が話し合われたかは、わからない。30分前とは何かが変わり、道は開かれた。

こちらでは、まだまだ5アンペアは知名度不足か。申し込むたびにどきどきさせるなんて、何かと気苦労の絶えない契約である。

ブレーカーの取り付け工事には、作業員と一緒に営業の男性が来た。電力会社にとっては基本料金も取れず、電気もあまり使ってもらえない契約だろうから、嫌みの一つでも言いたいだろう。ぼくは先手を打った。

「お手数かけてすみませんね。電話に出た方には、最初は10アンペアしかダメだと言われたので、けっこう焦りました。どうしても5アンペアにしたかったものですから、よかったです。でも、困ったやつだと思っているでしょうね」

同年代と思われる男性は、笑顔で両手を振った。

「いえいえ、とんでもありません。こちらでもお客様に節電をお願いしているわけですから、こうして一生懸命節電してくださるお客様はありがたいです」

模範的な回答だが、無理をして言っている様子はない。

「5アンペアブレーカーがないのは、こちらの都合ですから。ご迷惑をかけました」

「いえ、とんでもないです。こちらこそ、よろしくお願いします」

お互いに深々と頭を下げた。東京電力のときもそうだったが、家まで来てお話しする電力会社の人たちは、さわやかで人当たりがいい。

襲う悲劇

気持ちのいいあいさつを終えたところで、最初の悲劇が起きた。アンペアダウンの工事完了直後、つまり工事の人が10アンペアのブレーカーを装着し、動作確認のためにブレーカーを上げた瞬間だった。

バチッ。

電気がついた後、瞬く間にブレーカーが落ちた。

どうした、何が起きた。ぼくと中部電力から来た2人、計3人の動きが止まる。事故ではない。大量の電気が流れ、ブレーカーが落ちた。正常の動作のようだ。

でも、おかしい。エアコンはもともと家に備えられていたが、動いていない。電子レンジはおろか、冷蔵庫もオーブンもない。

理由はすぐにわかった。家の照明というスイッチがONになっていて、電気が通じた瞬間に明かりがついたのだ。あわてて1階、2階と家中の電気を消し、再度ブレーカーを上げると、今度はなんの問題もなかった。

やれやれ、これで大丈夫と、ほっとした表情で帰っていったのは中部電力の2人だけ。取り残されたぼくは、とんでもないことになったと感じ始めていた。

電気を消して回っているときに、気がついたのだ。トイレ、廊下、リビング、寝室……。この家のあらゆる天井や部屋にある埋め込み式照明のすべてが、消費電力の大きい白熱電球だったことに。照明だけで10アンペア、1000W以上の電気が流れる家だったのだ。

いまでこそ省エネ意識が高まって、家の造りや住宅設備も徐々にエコを意識するように変わっている。だが、10数年前には、エネルギーをつぎ込んで豊かな暮らしを成り立たせるという考えが一般的だったのだろう。引っ越しの荷物の整理もままならないうちに、すぐにエネルギー削減作戦に取りかかった。

はずした電球はまとめてカゴに入れた

積み上げられた荷物の中から見つけ出した椅子の上に立ち、天井の埋め込み式照明に手を伸ばす。玄関に２つ、廊下に２つ。１メートルもおかない間隔で白熱電球がついているので、１つおきにはずしていく。リビングには計６個の埋め込み式照明がついていたので、すべてはずした。これらがなくても蛍光灯の照明器具が２つ、別にあるから、まったく影響ない。

すぐＬＥＤ電球を13個注文した。８０００円の投資だが、白熱電球に比べて電気使用量は１つあたり10分の１以下に減る。

ブレーカーは、外出時に切って出る。だから、夜帰宅したとき、真っ暗でもブレーカーまでたどり着けるように、玄関に人感センサー付きの電池式ＬＥＤ電球照明も用意した。人が通ると電気がつき、しばらく経つと自動で消灯する。なかなか優れものなので、もう一つ買って、玄関と階段に置いた。ＬＥＤ電球に付け替えたり、使うのを止めたりして、はずした白熱電球や蛍光灯は25個に及んだ。

さらなる悲劇

名古屋は暑いと聞いていたが、こんなに暑いところだったとは。

9月の暑さを気象関係者は残暑というが、生活者目線で見れば、酷暑と呼ぶにふさわしい。強い夏の日差しが頭上から照りつけ、2階にあるリビングの気温は、昼前には36℃にまで上がった。明けない夜はないが、気温30℃をくだらない夜はかなりある。25℃以下は望むべくもない。毎日が熱帯夜である。

家探しのときは、マンションと違って四方に窓があることをチェックしていた。窓を開けていれば、どの方向から風が吹いても部屋に風を取り込むことができる。本で読んだ知識どおりにそう考えていたけれど、甘かった。頼みにしていた風は、なかなか部屋にまで届かない。暑い日であればあるほど、風はピタッと止まり、部屋の空気もじっとそこに居座って、まとわりついてくる。常に多少の風が吹いていていた27階のお台場の部屋とは、だいぶ違う。

5アンペア生活を始めてから、気象にもだいぶ気を配るようになってきた。暑さ寒さや風の有無に敏感になる。これまでは春夏秋冬と1年を四季で考えていたが、最近は立春や大暑、冬至などと二十四節季で季節の変化をとらえるようになった。2週間に1度は新しい季節が訪れて、飽きることがない。

好きなのは啓蟄《けいちつ》。春の気配を感じて、冬ごもりしていた虫が這い出てくる3月上旬をさす。季節の移ろいを虫の動きで表現するなんて、すてきじゃないか。味わい深い。

二十四節季は少し季節を先取りしている。これまでの経験では、7月上旬の小暑になると室温は30℃を超える。大暑、立秋、処暑《しょしょ》と暑さは全開だが、文字面を見ると、確実に暑さが弱まっていくのだと元気をもらえる。

室温が33℃を超えると、扇風機の「弱」くらいでは太刀打ちができない。何をしても暑い。そんなときに急場をしのぐ方法は水シャワーだ。行水すればうだるような暑さから解放される。ただし、そう長続きはしない。

名古屋で初めてむかえる白露《はくろ》。二十四節季では大気が冷えてきて露ができ始めるころという9月上旬に何度も水浴びを繰り返すうち、嫌気がさしてきた。水だって、各家庭の蛇口に届けるまでにエネルギーを使う。このままでは扇風機を抱えながら耐え忍んだ去年の夏に逆戻りじゃないか。

3年ぶりに家電を買う

部屋を飛び出したその足で、久しぶりに家電量販店に行った。もはやこの暑さを防ぐ方法を、ぼくは知らない。せめて、少しでも性能がよい扇風機を備えたいと、直流モーターで動くDCモーター扇風機を買った。価格は約3万5000円。安いエアコンくらいの値段がする。大手家電メーカーではなく、日本のベンチャー企業の手による製品だ。

福島にいたとき以来だから、3年ぶりくらいだろうか。家電量販店で家電と言われるものを購入したのは。プラス1万円で付属バッテリーも買い、停電時にも充電した分で動かせるようにした。

ワットチェッカーで測定すると、「弱」で0・03アンペアと、普通の扇風機の10分の1。「最強」でもこれまでの扇風機の「弱」より低い0・22アンペア。省エネがD

C扇風機の特徴だ。
数千円で扇風機が買える世の中、風を起こすだけの家電にこんな出費をしていいのだろうかと店先で悩んだが、まるで次元が違った。

新旧の扇風機。左が DC モーター

使用電力が少ないばかりではない。羽根が2重構造になっていて、普通の扇風機のような固い風ではなく、柔らかく優しい風が届く。モーター音も風の音も静かだから、夜つけっぱなしで寝ても気にならならない。微風にすると、音もなくそよ風のような心地よさ。

これまでの扇風機では「強」だと会話もできないほどの風の音だったが、これなら心置きなく「最強」の風を浴びられる。もう少し早く買い求めておけばよかった。

あまりの暑さに、もう一つ買った家電がある。冬に手放したはずの冷蔵庫だ。しかし、後戻りするつもりはない。車のシガーソケットから電源を取れるポータブル冷凍冷蔵庫を選んだ。どこにでも持ち運びができるサイズだから、いざというときにも役立つだろう。

キャンピングカーのソーラーパネルでつくった電気で、必要なときだけ飲み物や食べ物を冷やし、十分冷えたところで高性能保冷庫に移す。時間はかかるが、氷も製造できる。ただ、24時間営業をさせるつもりはない。あくまでも必要な分、必要なときだけ冷やす。買ったらすぐに秋がきたので、試運転だけして出番はなくなった。本領発揮は次の夏になりそうだ。

引っ越しにキャンピングカーに扇風機と、節電のためにどれだけお金を使うのかと批判を受けることがある。ものが製造されているときにも莫大なエネルギーが費やされているのをわかっていないのではないかという苦言も聞く。

しかし、5アンペア生活が目指すところは、お金をかけない耐乏生活ではない。電気がなくても、快適に楽しく生活の質を高めていきたい。そのために必要だと思うものは吟味したうえで、手に入れる。

これまで大量生産・大量消費の波に乗って、買っては捨て、捨てては買いを繰り返してきたぼくにとっては、まったく新しい購買行動だ。広告宣伝や物欲に躍らされることなく、なぜ使わなければいけないか、本当に必要なのかを熟考し、頭を働かせて買うのは楽しい。買ったそばから新製品が出て金を無駄にしたという後悔もない。

ほうき、ＬＥＤ電球、キャンピングカー……。この間に購入したアイテムは、ほとんどエネルギーを使わなくても動き、長く使えるもの。できれば大量生産ではなく、人が手を動かして丹念に作り上げたものがいい。製造過程で使われたエネルギーは、長く使ううちに回収できるはずだ。節電生活に合ったものが徐々にそろってきたので、これからは出費も大きく減るだろう。

食べ物を買いだめして、冷蔵庫で腐らせることもなくなった。たとえば大好物の牛乳は、以前は価格で選ぶことが多かったが、いまでは少々高くても低温殺菌で本来のおいしさがある商品を選んでいる。電気だけでなく、水やガスの使用にも気を配るようになり、エネルギーの使用量は全体的に減った。

決定的な悲劇

名古屋の夏は暑いと聞いてはいた。だが、冬が寒いというところまでは教わっていなかった。東京より数段寒い。寒さの質が東北に近い。

酷暑の9月は瞬く間に去った。10月になると、気温は15℃、12℃と徐々に下がり始め、秋の長雨が降るたび冬が近づいてくるのがわかる。

住んでいる貸家は、寒さにも弱かった。部屋の中は外気温と3、4度しか変わらず、暖房を消すとすぐに冷える。築12年の新しい家だから高気密高断熱なのではないかと根拠なく思っていたけれど、都合のいい勘違いだったようだ。

一つの問題は、夏は涼やかに見えた居間の吹き抜けだ。電気いらずで煮炊きにも使える灯油ストーブを購入したが、つけるそばから熱気がどんどん高い天井に上がっていってしまうのがわかる。足元はいつまでも温かくならない。効率悪いこと、このうえない。

決定的な悲劇に気がついたのは、10月もなかばになったころだった。この家、日が当たらなくなるかもしれない……。

右も左もわからない名古屋で家探しをしたとき、何にもまして優先したのは日当りだった。ベランダやバルコニーにソーラーパネルを置いて自家太陽発電所を設立し、電気の自産自消に踏み出す。そのために、数百はあるだろう空き物件から自然を味方につけられそうなこの家を選んだのだ。

なぜ、こんなことになったのか。我が家は起伏の多い住宅街の中でも、周囲から一段低くなった窪地にある。日の当たる南の方向には、道を一本隔ててコンクリートの壁が高くそびえ、その上に一軒家が並んでいた。

真上からたたきつけるように強く照っていた夏から一転、太陽は日々高度を失って傾いていく。家探しに1日だけ名古屋を訪れた8月のぼくは、そのことに気がつかなかった。

あたりが寒くなってくるのと時を同じくして、太陽は南側の家の屋根すれすれをかすめるようになり、そのうち完全に前の家に没した。姿を見せてくれるのは、前の家と家のわずかな隙間からのみ。休みの日にじっと見ていたら、正午過ぎにようやく顔

10月なかばになると太陽が当たるのは1日2時間ぐらい

を出し、2時近くにはもう西の家の壁に吸い込まれていった。わずか1時間半だ。

暑さ寒さはどうにかできても、太陽の高さまで努力や運で変えることはできない。すっかり引っ越しの達人気取りで、自家発電所設立に向けて完璧な家を見つけた気分になっていた自分を恨んだ。

ぼくが選んだのは、暑い夏は日差しがふんだんに照りつけてジリジリと身をこがし、寒い冬になると日が当たらず寒さに震える家。気持ちがふさいだ。

困難を力に

どうすることもできないトラブルをかかえ

たとき、正面から立ち向かって身動きが取れなくなるより、問題を先送りすることで前に進める場合がある。

考えもしなかった日照問題にぶち当たり、数日間うちしおれた後、ぼくは動き始めた。できることから、こつこつと。とりあえず、この寒さを何とかしよう。

一番目につくのは2階のリビングの吹き抜け天井だ。この無駄な空間をいかにふさぐか。布を張ろうか、断熱材を天井に渡そうか。凍えるリビングでダウンジャケットを羽織りながら、天井をグッと見つめて思案をめぐらせた。どれもお金や手間がかかりそうな材料と作業ばかりである。

答えはホームセンターにあった。生活の発見とヒントに満ちたこのワンダーランドは、5アンペア生活を始めてから、すっかりお気に入りの場所になっている。気分転換に訪ねてみたのだ。広い店内を獲物を探して歩いていると、正式名「気泡緩衝材」、通称「プチプチ」がロール状になっているのを見つけた。幅120センチ、長さ42メートル。巻き寿司のお化けのようなサイズだ。価格を見て、頬がゆるむ。1200円ほど。軽量で、加工も簡単。天井をふさぐのに格好のアイテムになるだろう。

もう一つの発見は豆炭あんか。角の取れたオレンジ色の四角い本体は、大きな弁当箱のようで、妙に安心感がある。豆炭も、卵のようにまるっとしていて愛嬌抜群。かわいらしい豆炭あんかは、競争社会をたくましく生き残ってきたロングセラーの一つ。本体約３０００円、豆炭は1袋12キロ約２４０個入りで１２００円。これだけあれば2年は使える。経済性も申し分ない。一酸化炭素中毒も、あのすきま風の家ならば問題ないだろう。よくよく考え、我が家の仲間に迎え入れることにした。湯たんぽは、夜に用意すると朝までには少しずつぬるくなるが、豆炭は1個つけると24時間カッカと暖かさが持続するから心強い。

かわいい豆炭あんか

　ピンとテープも買って自宅に戻ると、さっそく吹き抜けをふさぐ作業に着手。１時間ほどで、ふさいだ。天井が1メートル半は低くなったが、プチプチが透明なので圧迫感はない。みすぼらしくならないか心配をしていたが、現代アートだと言えば、そう見えなくもない。

吹き抜けをふさぐプチプチ大作戦

だるまストーブをつけると、すぐに部屋がポカポカし始めた。気をよくして余ったプチプチで窓ガラスすべてを覆い、まだ余っていたので玄関と洗面所の間にもプチプチの壁をつくった。ふだんが寒いことに変わりはないけれど、暖房をつけたときに暖かくなるスピードと持続性は、格段に増した。絶大な効果。うれしかった。

自家太陽光発電所キットを発注

気力が充実したところで、一度は先送りした日照問題と向き合うことにした。負けてばかりはいられない。

太陽の軌道は変えられないが、家と家の隙

間からわずかに顔を出す太陽の光にかけることにした。

実は、太陽光発電に関する本を読めば読むほど、文系のぼくは理解より混迷を深めていた。一口に太陽光発電システムといっても、パネルやバッテリー、その他もろもろのパーツをどう選ぶのか、組み合わせは無限大だ。パネル一つとっても、シリコン系や有機系などさまざまな種類があり、さらに単結晶系、多結晶系と枝分かれしていく。出力も効率も値段も千差万別だ。どの組み合わせがベストなのかが、さっぱり理解できない。

壁にぶつかったとき、もう一つ立ちはだかっていた壁が役に立った。太陽がほとんど当たらないんだから、やってみよう。とりあえず。

当たり前すぎてどの本にも書いていないことだが、太陽光発電にもっとも必要なのは太陽の光。それが十分でないのだから、どんなベストマッチングを探しても結果はしれている。ならば、不完全でもとりあえずやってみることが大事じゃないか。開き直ったのだ。

試しにネットで「ソーラーパネル　自作」と検索すると、次々とキットを販売するサイトが出てきた。しかも、パネルやバッテリー、コードまで、太陽光発電に必要なアイテムをセットで販売している。自分でベストな組み合わせを探らなくても、すでに答えが出ているのだった。

20Ｗ、50Ｗ、１００Ｗと、パネルの出力が上がるにつれて、価格も上がっていく。サイトには、丁寧に発電量の目安も書かれていた。50Ｗパネルならば、１日３時間日が当たるとして、発電量は50×３＝１５０Ｗｈ。50Ｗの液晶テレビならば、約３時間視聴できるくらいだという。１カ月ならば、１５０×30で４５００Ｗｈ＝４・５ｋＷｈの発電量になる。我が家の１カ月の電気使用量は２～５ｋＷｈだから、毎日晴天が続けばこれ１枚ですべてをまかなえる。

ただし、晴天が毎日続くわけではないし、何より我が家には１日２時間ほどしか日が当たらない。発電量はさらに減るだろうが、実験的にこれでスタートしてみよう。２０１３年12月13日、ネットで発注を終え、自分のフェイスブックとツイッターにこう書き込んだ。

「５アンペア生活を続ける名古屋市、新聞記者斎藤健一郎氏（38）が12月13日午後、自家発電所の設立に着手したことが、わかった。来週にも名古屋市千種区の住宅街で太陽光発電所『健康第一電力』（健電）が完成し、ベランダ太陽光発電を本格稼働させる。

この日のネットサーフィンで、健一郎氏が太陽光発電キット販売会社を発見、自作キットを発注した。健電によると、週明けにも宅配便で機材が到着。ただちに自家発電所建設に取りかかる。工事はすべて手作業。配線をチョコチョコっと、太陽光パネルのベランダ設置で、工期2時間を予定する。完成したときに、天気が良く、かつ、日が当たる時間帯ならば、ただちに太陽光発電を始める。事業規模は3万2千円（税込み）。

健電所長には、斎藤健一郎氏が内定。設置や維持管理も全部、1人でやる。

健電設立については、1年以上前から健一郎氏が『やる。絶対やる』と言っていたが、持ち前の怠慢と、ぐずぐずでいつまでも話が進んでいなかった。今回、機材の発注が済んだことで、一気に実現に近づいた。

健一郎新所長は『発電所をつくるのは大変だと勝手に思い込み、二の足を踏んでいた。年の瀬も迫り、ここでやらなければ、ただのほら吹きだと思って自分を鼓舞した』と話し、『発注してみたら簡単だった。やるときは、やるんだ。どうだ」と開き直っている。

健一郎氏は、福島県郡山市に勤務していた２０１１年３月に、東京電力の原発事故に遭った経験から、東京異動後の12年７月に、電力会社の電気に極力頼らない『５アンペア生活』を開始。12月分の電気使用量は２ｋｗｈ、電気代は２４４円だった」

発電所機材が届いた

注文から４日後、太陽光自家発電所「健康第一電力」の機材が宅配便で我が家に搬入された。段ボール２個。発電所の建設機材と呼ぶにはあまりにも小さいが、ここに大きな夢と希望が詰まっている。

２階に運び込む時間さえも待ちきれないくらいの勢いで開封すると、発電に欠かせないアイテムはバラバラの状態で入っていた。今回は新聞記者の職業や人脈を生かさず、ずぶの素人が自分の力でどこまでできるのか、を試したい。フェイスブックでアドバイスしてくれそうな友達には、口止めをお願いした。

自分の頭を使い、手を動かしてパーツを組み立て、命を吹き込み、太陽の恵みを授かるのだ。マニュアルもあるから大丈夫。

そう、思っていた。だが、建設作業は早々に中止となった。各パーツをコードでつなぐ工程のうち、コードの被覆をむく作業は、小学校時代のラジコン製作で培った技術でクリア。工具が十分ではなかったので、キッチンにあったハサミを使った。

断念したのは、いざコードをバッテリーにつなぐところだ。作業の唯一の手がかり、付属の「簡単接続マニュアル」には、こう書いてあった。

「(バッテリーの)銀色のリング部分の外側に絶縁テープや自己融着テープで巻きつけます(このテープはホームセンターなどで購入ができます)」

最後のカッコ部分。「ホームセンターなどで購入ができます」。つまり、ホームセンターなどで購入しないと、バッテリーとコードはつなげないという意味だ。そもそも、知識ゼロのぼくには、絶縁テープや自己融着テープがどんなもので、これをどうやってバッテリーに巻きつければいいのかがわからない。

ついているコードは最低限の長さで、素人目に見てもベランダに置いたパネルから部屋のバッテリーまでつなぐには短いだろう。段ボールを開けたときの高揚した気分は、一気に紅葉して色を失い、ハラハラと散っていった。

「初めてキット」と書いてあっても、そう簡単ではないのだ。

断念から６日後のクリスマスの日、簡単ではなかった「簡単接続マニュアル」を手に、ホームセンターに向かった。ホームセンターは材料や工具をそろえるだけの場所ではない。日々たくさんの商品に囲まれている従業員は、豊富な知識や情報を持っている。

家を出る前に、自分なりに理想のプランを描いてみた。電気を蓄えるバッテリーとコードはネジで固定せず、洗濯ばさみのようなクリップでつなげば、移動や交換が行いやすいのではないか。ベランダに置いたソーラーパネルから伸びるコードは、エアコン用のダクトを通して部屋に引き込みたい。５メートルは必要だろう。

いざ売り場についたが、棚に並ぶ商品は多すぎて、どれが必要なのかさっぱりわからない。ためらうことなくサービスカウンターに行って、従業員にぼくのドリームプランを告げた。

「ならば、これですね」と5メートルのコード。「これがいいかな」と洗濯ばさみのような接続キット。ワニ口クリップというらしい。男性従業員はきびきびとぼくを適切な売り場まで誘い、そのたびに理想のプランがかなっていくのだった。

健電完成

39歳の誕生日を迎えた2013年12月29日。雲一つない快晴。この日、ぼくは発電所建設という名の素人レベルの工作を終え、健康第一電力、略して健電の稼働を始めた。

午後0時半、家と家の隙間から太陽が差し込み、パネルからつないだコントローラーの電気が赤く点灯し、発電していることを告げた。なんてすがすがしい気分だろう。

これまで、いくら節電して電力会社から200円台の「電気ご使用量のお知らせ」をもらっても感じられなかった爽快感。我が家に照った太陽を自分の力で電気に変えられた喜び。

ぼくは、太陽光自家発電所「健康第一電力」の所長に就任した。誰も傷つけず、汚染物質をまき散らすことのない自然エネルギー発電所が名古屋市に一つ登場したのだ。

ホームセンターでの買い物も含めて、かかった費用は約４万円。こんなに簡単に、安価に自家発電所ができるとは、思いもよらなかった。５アンペア生活を始めてから、やろうかやるまいか、ためらっているならばやるほうが早いということが、何度あっただろう。これからも試行錯誤を続けながら、自分の手で大切に小さな発電所を育てていこう。

５アンペア生活を始めてから1年5カ月。電力会社の電気に極力頼らずに暮らそうと始めた節電生活は、電気を自分でつくり出すという新たな挑戦に入った。最終目標は、健電のつくり出す電気だけで、豊かな暮らしを創ること。いつかは、電力会社の電気と完全に縁を切って、完全独立を果たしたい。

ぼくは本気だ。

エピローグ　5アンペア生活が普通の暮らし

名古屋に来て2カ月。2013年11月に中部電力浜岡原子力発電所を見学した。静岡県御前崎《おまえざき》市にある中部電力唯一の原発で、静岡市まで50キロ。東京都心まで200キロ弱。もっとも首都圏に近い原発として知られる。

すでに廃炉が決まっている1、2号機も含めて、全5機は2011年5月からすべて止まっているが、中部電力社員800人、協力会社員2600人が働いているという。動かない原発だからといって、彼らが机の前でぼーっとしているわけではない。施設維持や安全管理のために、多くの人たちが頭や体を動かしていた。電気を生み出さない施設に、これだけの労力が費やされている。そのことに、まず驚かされた。

案内役の中部電力社員は、「浜岡を世界一安全な原発にする」と意気込んでいた。ただのスローガンではない。現地に立つと、その本気度がわかる。

ナゴヤドーム約33個分の敷地のあちこちで、街中では見たこともないようなダイナミックな工事が、24時間、昼夜を問わず進んでいた。その象徴が「防波壁」だ。津波を避けるために、太平洋に沿って長さ16キロ、高さ22メートル、地中の深さ10～30メートルの鉄の壁がそそり立つ。まさに現代の万里の長城。社員が力強く言う。

「防潮堤という表現をする人がいますが、堤なんてものではありません。波から原発を守る、まさに壁なんです」

ほかにも、地震で壊れないための地盤改良、防波壁を津波が越えたときに建屋内への浸水を防ぐ水密扉・強化扉の設置、電源供給がストップしたときのためのガスタービン発電機の高台への設置、電源がすべて失われたときのための地下水槽の建設、ポンプ車の導入、事故が起きた場合に放射性物質の放出や拡散を低減するフィルタベントの新設……。東京電力の原発事故の教訓をもとに、十重二十重の安全対策を施そうと急ピッチで工事が進んでいた。敷地内で改造していない場所はないくらい、工事一色の現場なのだ。

一つ一つの安全対策箇所を案内してもらいながら改めて、いつ再稼働するか見通しのたたないこの原発のためにつぎ込まれている莫大なお金のこと、なにより貴重な時間をこの施設に注ぎ込んでいる人たちのことを考えた。ある職員はこう言った。

「いまこうして工事していますが、安全対策施設のほとんどは、使う事態にならずにすむはずです」

そのとおり。「万里の長城」を波が越えなければ、水密扉も強化扉も必要ない。そもそも防波壁だって、東電事故の前は影も形もなかった施設だ。でも、いまは造っている。絶対的な安全を誇った原発が、大きな災害の前にあまりにももろく事故を起こし、制御も事態収束もできなくなることがわかったからだ。

いかに危険なまま原発が稼働し続けてきたのか。中部電力の職員が安全対策工事中の施設の意義を強調すればするほど、すーっと心が寒くなった。

対策工事は３０００億円が投じられる予定になっている。見学の半年前までは１５００億円の試算だった。わずかな間に、対策費用は2倍にふくらんだ。たとえば、こんな理由。

防波壁を高さ18メートルで造っている途中、南海トラフ沿いで巨大地震が起きると、津波が壁を越えるという試算結果が出た。壁をプラス４メートル、かさ上げしなければばならない。高さが増した分、壁自体の強度を保つために、基礎部分の補強も必要になった。

鉄壁の守りはどうやったら築けるのか。多くの人の労力と時間と費用を投じて造り上げられた万里の長城は、北方から敵の侵入を許し、巨大な張りぼてを後世にさらすこととなった。いくら守りを固めても、次から次へと弱点は指摘され、不安は増す。きりがない。歴史はそう教えてくれているはずだ。

3000億円の費用は中部電力が負担する。つまり、最後は利用者が負担するわけだ。しかも、いざ安全対策工事が終了して再稼動が実現しても、次々と出る使用済み核燃料の置き場にもう余裕がないという。「国に考えてもらわないと困ります」と言う職員の言葉で、この施設に未来がないことを知った。

なにもエネルギーを生み出していない施設に、人生の貴重な時間も含めて、大量のエネルギーが注がれている。有限なパワーをもっと違う場所に、前向きに使えないものだろうか。豊富な知識と経験を持ってプライド高く働く中部電力の幹部、社員に接したからこそなおさら、早く原発からさよならする決断が必要だと感じた。

浜岡原発の見学を終えて5アンペア部屋に戻ったぼくは、東電のカスタマーセンターの女性に言われた言葉を思い出していた。

「普通の暮らしはできなくなりますよ」

普通の暮らしって、何だろう。この1年半、エアコンも電子レンジも家では使わずに暮らしてきた。苦しいこともあるけれど、それ以上に楽しい毎日だったから、続けてこられた。一つ一つの問題を解決しようと考え、挑戦し、工夫し、暮らしの質を自らの手で上げていく。最近、口座振替にするとさらに約50円割り引きになることを知り、1カ月の電気代は、190円にまで下がった。

電気を使い放題使って「普通の暮らし」をしてきたぼくが、新たな暮らしを手に入れたのだ。人がいない部屋までエアコンで冷やしたり、夜なのに昼のように明るく照明をともしたりしていた昔の「普通の暮らし」には、もう後戻りできない。5アンペア生活が普通の暮らしになったのだ。

超節電生活をしていると、多くの人が必ず言う言葉があった。

「独身だからできる。家族がいたら絶対にできない」

実は、一人暮らしだった我が5アンペア部屋に、春が来るころもう一人、新しい家族を迎え入れる予定だ。両親からは心配されている。

「もう一人じゃなくなるのだから、自分勝手にことを進めずに、しっかり相手と話し合って決めるんだよ」

その相手からは宣言されている。

「冷蔵庫は絶対必要。エアコンもないと夏の暑さは耐えられない。ドライヤーもね」

よき理解者となるか、最大の抵抗勢力となるのか、いまはわからない。

ただ、悲劇続きの名古屋生活に、輝かしい未来が開けていることがわかってきた。大寒を過ぎたころから、前の家の屋根の下に深く没していた太陽が徐々に軌道を上げ、姿を見せるようになってきたのだ。暑い夏が来るころにはまた、元気な姿で健康第一電力の太陽光発電に貢献してくれるはずだ。冷蔵庫もエアコンも、健電でつくったクリーンな電気で動かせる日が来るかもしれない。

新たな挑戦の始まり。わくわくが止まらない。

これだから5アンペア生活は止められない。

あとがき

たくさんの普通の人が、このままエネルギーを使い続ければ地球を壊してしまうとわかっていながら、大量生産・大量消費のサイクルのただ中にいる。モノや金の多寡を他人と比較し、「いまの自分は幸せなのか」を考えている。ぼくも、そうだった。

消費文明から一抜けして、ずいぶん「いい加減」になった。あふれかえったモノを減らし、不要な電気を消す。ブクブクと膨れあがって際限のない欲望から解放され、暮らしを自分の手で成り立たせようと考えて行動する日々は、楽しく、幸せだ。電気をつくることは、減らすことよりずっと難しいことも、自分の手で電気をつくって初めてわかった。自分がつくりあげた固定概念や無知とたたかいながら、今後も丁寧な暮らしを心がけていくつもりだ。

本が売れないと嘆きながら、5アンペア生活の本は絶対に出すと取り組んでくれたコモンズの大江正章さん。手弁当で名古屋まで撮影に来てくれた写真家の村山嘉昭さん。叱咤を含むたくさんの激励をくれた友人・知人・同僚・読者に感謝します。

2014年2月

斎藤健一郎

【著者紹介】

斎藤健一郎（さいとう・けんいちろう）

1974年　東京都生まれ。

1999年　中央大学総合政策学部卒業。
　　　　海外ドキュメンタリー制作会社テムジン入社。

2004年　朝日新聞社入社。
　郡山支局、文化くらし報道部などに勤務。

現　在　名古屋本社報道センター社会グループ所属。

本気で5アンペア

二〇一四年三月一一日　初版発行

著　者　斎藤健一郎

撮影協力　村山嘉昭

発行者　大江正章

発行所　コモンズ

東京都新宿区下落合一―五―一〇―一〇〇二

TEL〇三（五三八六）六九七二

FAX〇三（五三八六）六九四五

振替　〇〇一一〇―五―四〇〇一二〇

info@commonsonline.co.jp

http://www.commonsonline.co.jp/

印刷・東京創文社／製本・東京美術紙工

乱丁・落丁はお取り替えいたします。

ISBN 978-4-86187-112-2 C 0036

＊好評の既刊書

超エコ生活モード 快にして適に生きる
●小林孝信 本体1400円＋税

暮らし目線のエネルギーシフト
●キタハラマドカ 本体1600円＋税

原発も温暖化もない未来を創る
●平田仁子編著 本体1600円＋税

脱原発社会を創る30人の提言
●池澤夏樹・坂本龍一・池上彰・小出裕章ほか 本体1500円＋税

脱成長の道 分かち合いの社会を創る
●勝俣誠／マルク・アンベール編著 本体1900円＋税

子どもを放射能から守るレシピ77
●境野米子 本体1500円＋税

放射能にまけない！ 簡単マクロビオティックレシピ88
●大久保地和子 本体1600円＋税

放射能に克つ農の営み ふくしまから希望の復興へ
●菅野正寿・長谷川浩編著 本体1900円＋税

新しい公共と自治の現場
●寄本勝美・小原隆治編 本体3200円＋税

土の匂いの子
●相川明子編著 本体1300円＋税